식탁위의
심리학

음식남녀, 그 미묘한 심리의 속내를 엿보다

식탁위의
심리학

시부야 쇼조 지음 | 박현석 옮김

사과나무

옮긴이 **박현석**

대학에서 국문학을 전공하고, 일본에 유학하여 동경일본어학교를 졸업했다.
일본 기업에서 직장생활을 한 뒤, 현재는 기획자 겸 전문 번역가로 활동중이다.
옮긴 책으로 〈동행이인〉 〈청춘의 착란〉 〈다자이 오사무 자서전〉
〈판도라의 상자〉 〈진순신 이야기 중국사〉 등이 있다.

식탁 위의 심리학

초판 1쇄 인쇄 2013년 10월 1일
초판 1쇄 발행 2013년 10월 5일

지은이 시부야 쇼조
옮긴이 박현석
펴낸곳 사과나무
펴낸이 권정자
등록 1996년 9월 30일(제11-123)
주소 경기도 고양시 덕양구 충장로123번길 26, 301 - 1208

전화 (031) 978-3436
팩스 (031) 978-2835
이메일 bookpd@hanmail.net
값 12,800원

ISBN 978-89-6726-004-0 03180

"정말 중요한 대형 기획을 위해 여배우와 일을 해야 할 때면, 저는 후보자를 고르는 단계에서 반드시 그 여배우와 함께 식사를 합니다."

한 유명 텔레비전 프로듀서의 말이다. 뒤이어 그는 이렇게 말했다.

"그냥 만나서 이야기하는 것만으로는 안 됩니다. 상대방은 여배우니까요. 자신을 잘 보이기 위한 연기에는 그녀들 모두가 능합니다. 그렇기 때문에 만나서 대략적인 이야기를 나눈다 해도 그녀의 참모습이나 표정은 드러나지 않습니다. 본성은 알 수 없습니다. 그럴 땐 함께 밥을 먹어야 합니다. 그러면 그녀의 취향, 혹은 성장 환경, 어떤 가정교육을 받았는가 하는 것까지도 전부 알 수 있습니다."

그 말을 듣고 '이 사람, 과연 수많은 여배우를 세상에 내보낸 능력 있는 프로듀서답다'라고 감탄한 적이 있었다.

어떤 사람의 인간성을 알려고 할 때, 테이블에 마주 앉아 함께 식사를 하는 것은 상당히 중요한 판단 재료가 된다.

또한 그 사람과 오래 사귈 수 있을지를 알아보는 기준이 되기도 한다. 전반적인 식사 예절은 갖추고 있는지, 극단적인 편식은 하지 않는지, 혹은 타인을 배려하는 마음은……

그 사람 잘못이라고는 할 수 없지만, 음식에 대한 취향도 무시할 수 없는 문제다. 예를 들어서 청국장이라면 냄새조차 맡기 싫어하는 여성과 결혼한다면, 그녀의 식성이 바뀌지 않는 한 당신의 식탁에 청국장이 오를 일은 없을 것이라고 생각하는 편이 좋을 것이다.

젊은 남녀가 자신에게 어울리는 이성과 만나기 위한 하나의 '테스트'로, 함께 식사를 하는 것은 매우 중요한 일이다.

식당을 고르는 법, 예약하는 법, 그리고 그 식당에 이르기까지의 과정, 메뉴 선택 등 하나하나가 안내하는 남성의 능력(정보량, 행동력, 결단력, 혹은 타인에 대한 마음 씀씀이, 배려)을 판단하는 정보가 된다.

한편 남성은 그야말로 자신이 가지고 있는 모든 감각을 총동원하여 여성의 표정 하나에서부터 순간순간의 마음의 움직임까지 읽어내려 한다.

어쩌면 식사할 때의 사소한 동작을 통해서 그녀만의 매력, 반대로 마이너스가 되는 부분을 감지하게 될지도 모른다.

이처럼 '먹는다는 것'은 생명을 유지하기 위한 중요한 행위이자 동시에 사람이 사람과 함께 살아가는 데 필요한 중요한 사회적 행동이기도 하다.

'함께 식사를 하면 즐겁다'고 생각이 드는 사람이 있다면 그것만으로도 그는 타인과의 교제에서 합격점을 받은 것이라고 생각해도 좋을 것이다.

비즈니스 상대든, 연애 상대든 상대방을 파악하는 데는 함께 식사하는 것만큼 좋은 방법이 없다. 음식을 먹을 때 드러나는 인간의 본성과 남녀의 심리에 관한 여러 가지 힌트를 이 책에 담으려 노력했다. 약간은 향신료가 강하게 느껴지는 부분이 있을지도 모르겠지만 깊이 음미해 주신다면 그보다 더한 기쁨도 없을 것이다.

시부야 쇼조

 차례

제2장 밥 먹을 때 그 사람의 본성이 드러난다

제3장 음식남녀, 그 심리를 분석한다

제4장 밥 먹으면서 이 사람은 무슨 생각을 하지?

제5장 지루한 사람과 밥 먹지 마라

제6장 식사에 초대 받는 사람,
더 이상 초대 받지 못하는 사람

• 제1장 •

이런 사람과
밥 먹지 마라

불판 가득 고기를
늘어놓는 사람

_ 계획적이지 못한 사람

'고기를 함께 구워 먹는 남녀는 분명 연인 사이다' 라는 말이 그럴듯하게 떠돈다. 그 이유는 고기를 함께 구워 먹다 보면 상대방과의 궁합을 알 수 있기 때문이다. 예를 들어, 주문한 고기의 종류와 양, 순서를 보면 그 사람의 성격을 알 수 있다.

"생맥주에 육회, 갈비 3인분, 그리고 돌솥비빔밥. 당신은?"

종업원을 불러서 자신이 먹고 싶은 것을 먼저 주문하고 난 후, 상대방의 의향을 묻는 남자는 매우 자기중심적인 사람이다. 호쾌하고 믿음직스럽기는 하지만 그 사람에게 휘둘리게 될 것이다.

"육회는 드시나요? 소 간은요? 갈비는 드시죠? 깍두기와 김치 어느 쪽이 좋으세요? 둘 다 시킬까요?"

이처럼 자세하게 물어오는 사람은 세심한 사람이기 때문에 이쪽에서도 어느 정도 신경을 쓸 필요가 있다. 그저 자신이 좋아하는 것만을 말하기보다는 "육회 좋아요. 소 간하고 갈비도 시킬까요? 깍두기를 시킬지, 김치를 시킬지는 알아서 해주세요."라는 식으로 자신의 의사표시를 하면서 나머지 결정은 상대방에게 맡기는 편이 좋다.

그런데 최대의 난관이며, 가장 중요한 순간은 고기가 등장한 다음부터이다.

고기를 불판 가득 올려놓는 사람이 있다. 나름대로 신경을 써서 그렇게 한 것이겠지만 한꺼번에 많이 올려놓으면 고기가 거의 동시에 구워진다. 적당히 익어서 고기를 먹기 시작하면 마지막에 남은 고기는 타 버리고 만다. 이를 통해서 계획성 없는 사람이라는 점이 드러나게 된다.

생등심을 먼저 굽고 양념갈비를 나중에 굽는다든지, 고기를 굽는 자리와 버섯 굽는 자리를 따로 정해 두는 등의 배려를 할 줄 모르는 사람 역시 '아, 생각 없는 사람이네'라고 여겨진다.

자신이 살짝 익힌 고기를 좋아한다고 해서 익기도 전에 전부 먹어 치우는 사람은 바싹 구워 먹고 싶어하는 사람을 배려하지 않는 자기중심적인 사람이다. 이처럼 고기를 구워 먹으면 성격이 전부 드러나기 때문에 마음이 맞는 '연인'이 아니면 함께 고깃집에 가면 조심해야 한다.

 Tip 식탁 위의 심리학

● 집이나 친구들 사이에서 하는 방식대로 밖에서도 하는 사람은 세상 물정을 모르는 사람으로 보인다.

▶ '양념한 것을 굽기 전에 소금으로 간 한 것을 먼저 구웁시다'라는 식으로 제안을 해서 구울 것.

▶ 갑자기 식사를 시키고 싶을 때는 상대방의 의사를 먼저 타진할 것.

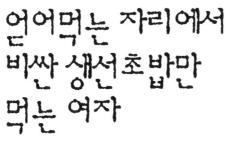

얻어먹는 자리에서
비싼 생선초밥만
먹는 여자

_ 궁상맞은 여자로 보인다

　최고급 생선초밥집, 카운터에 앉아 가격에 구애받지 않고 먹고 싶은 것을 마음껏….

　누구나 한 번쯤은 그런 사치를 누려 보고 싶을 것이다. 그렇게 한다면 혼자서도 2주일치 식사비를 쓰게 될지도 모르니 선뜻 용기가 나지 않는다.

　그렇기 때문에 누군가를 대접해야 할 때는 최고급 식당 이외의 적당한 식당을 찾게 된다.

　그런데 '얻어먹을 수 있다'는 생각이 들면, 특히 여성들 중에 이런 분들이 많지만, 신들린 듯 비싼 것만 골라서 시키는 사람들이 있다.

식사 초대를 받은 자리에서 고급술에 값비싼 생선초밥만을 골라서 주문하는 사람.

남자를 '물주'라고 생각하고 있는 듯한데 그 심층심리에는 '이왕 얻어먹는 거니 비싼 걸 먹지 않으면 손해'라는 정신적으로 굶주린 부분이 있다. 마음을 채울 수 없었던 쓸쓸한 과거, 사실은 지금도 마음이 채워지지 않았다는 심적 궁핍함을 메우려는 행동처럼 보인다.

그렇게 해서 배는 채울 수 있겠지만, 마음까지 채워지는 것은 아니다.

남성은 애초부터 '한턱 낼 생각'이었으니 돈을 아끼고 싶은 마음이 없다. 함께 즐거운 대화를 나누고 싶은 것이 솔직한 심정이다.

상대방 여성은 그런데 최고급 음식들만 얘기해가며 한시도 입을 쉬지 않고 먹고 있으니 대화를 나눌 수가 없다. 참으로 안타까운 일이다.

최고급 생선초밥을 먹으며 사치를 누리고 있는 것 같지만 사실은 궁상맞은 자신의 모습을 그대로 노출하고 있는 것이다.

벼락부자가 된 남성도 이처럼 주문하는 경향이 있다. 고급 생선초밥집에서 비싼 음식들의 이름만 외쳐대는 것은 그다지 세련된 모습이 아닌데, 남에게 비칠 자신의 모습을 잘 모르는 듯하다.

 Tip 식탁 위의 심리학

● '이왕 얻어먹는 것이니, 비싼 것으로!'가 아니라 즐거운 식사를 목적으로 삼자.

▶ 좋아한다고 같은 음식만 계속 먹는 것은 미숙한 아이들이나 하는 행동.

▶ 상대방이 무엇을 먹는가를 살펴보자.

▶ 대접을 받을 때는 자기 돈으로 먹을 때와 같은 수준의 음식을 주문하자.

메뉴를
결정하지 못하고
우물쭈물하는 사람

_ 배려심 없는 이기주의자

　누군가와 함께 식사를 하러 갈 때, 여러분은 어떤 식으로 식당을 결정하는가? '오늘은 더우니까 점심으로 냉면을 먹자'라고 자신의 생각을 밝힐까?

　아니면 '뭘 먹고 싶어?' 라며 상대방의 생각을 묻는가?

　아주 친한 친구와 식사를 하는 경우라면 자신의 생각을 밝혀도 좋지만, 업무상 관계된 사람이라든가 그다지 친하지 않은 사람과 함께 식사하는 경우에는 우선 상대방의 의향을 묻는 것이 예의일 것이다.

"무엇이든 상관없습니다, 돈가스나 튀김류만 아니라면."

아주 친하지 않은 상대에게는 최소한 피하고 싶은 메뉴만 전달해 두는 것이 함께 식사를 할 때의 기본적인 매너이다. 이렇게 사양하는 과정을 거친 후에 서로 제안을 한다.

"중국 음식은 어떻습니까? 이탈리아 요리도 괜찮겠네요."

"그거 괜찮겠네요. 그럼 어느 쪽으로 할까요? 피자도 좋을 듯한데."

이렇게 조금씩 방향을 잡아가는 것이 올바른 대화라 할 수 있다.

하지만 "무얼 드시고 싶으세요? 이탈리아 요리가 좋겠습니까? 프랑스 요리가 좋겠습니까? 일본 요리는 어떨까요?"라고 물었는데 "아무 거나 상관없습니다."라고 대답하면 오히려 물은 사람이 난처해진다.

더욱 난처해지는 것은 식당에 들어선 이후이다.

상대방이 '뭘 먹지…' 하는 표정으로 하염없이 메뉴만 바라보고 있으면 그곳으로 안내한 사람은 '다른 식당으로 갈 걸 그랬나…' 혹은 '손님이 많아서 빨리 주문하지 않으면 음식이 좀처럼 나오지 않을 텐데!'라며 약간은 짜증이 나는 경우까지도 있다.

정작 당사자인 '결정을 못 하는 사람'도 상대방에게 폐를 끼치고 있다는 사실을 알고 있지만 마음만 초조할 뿐 좀처럼 결심이 서질 않는다. 어째서일까?

　그것은 자신이 먹고 싶은 것이 무엇인지에만 신경을 쓸 뿐, '이것을 시키면 상대방도 좋아할 거야'라는 생각을 하지 않기 때문이다.

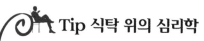 **Tip 식탁 위의 심리학**

● **상대방의 취향을 살피려는 노력이 빠른 결단을 내리게 한다.**

▶ 무엇이든 상관없으니 '이거 맛있겠는데요?'라며 상대방의 마음을 떠본다.

▶ 상대방이 망설이고 있으면 종업원을 불러 메뉴를 추천받고 상대방의 반응을 살핀다.

'정통 이탈리아 파스타는…' 잘난 척하는 사람

_ 권위에 약한 사람

지식이 많은 사람은 남들에게 인정을 받는다. 학술적인 면에서뿐만 아니라 잡학에 관한 지식이나 역사, 예절, 매너에 대해 잘 알고 있는 사람도 멋져 보인다.

영화나 요리에 대한 지식을 갖고 있다면 어느 세대와도 이야기가 잘 통한다.

하지만 자신의 지식을 자랑스럽다는 듯 과시하는 것은 좋지 않다.

"이 집 파스타는 맛있지만 피자는 별로야. 왠지 무늬만 피

자 같다는 느낌이 든단 말이야. 나폴리에서 먹었던 마르게리
타 피자를 잊을 수 없어."

즐거운 식사중에 내뱉는 이런 말 한마디는 주위 사람들의
입을 다물어 버리게 만든다.

함께 여행을 갈 정도의 친한 사이라면 모르겠지만, 별로 외
국에 나가본 적이 없는 사람이나, 가고 싶어도 형편이 안 되
어 외국 여행을 못 가는 사람에게는 별로 상대하고 싶지 않
은 사람이다.

'본 고장…' 운운하는 사람에게서는 '진짜를 알고 있는 나
는 당신들과 달라. 부럽지?'라는 허영심과 '권위에 약하다'
는 심리가 내재되어 있다.

'명품', '브랜드'… 등의 말을 되풀이하는 것도 마찬가지
심리이다. 자신에게 '권위', '품격'을 부여하고 싶어하는 것
이다.

'상장기업의 중역', '일류대학 교수', '큰 병원의 원장' 등
의 직함을 가진 사람을 만나면 한치의 의심도 없이 '훌륭한
사람'이라고 단정지어 버리는 사람들이 많다.

이처럼 상대방의 직함이나 위치에 쉽게 영향을 받는 사람일
수록 '권위적으로 보이고 싶어하는 사람'이거나, 자신도 타
인에게 영향력을 행사하고 싶다는 심리가 작용하고 있다.

그런 심리가 노골적으로 드러나기 때문에 주위 사람이 진저

리를 치며 "아, 또 자기 자랑이 또 시작됐군…"이라고 생각하는 것이다.

Tip 식탁 위의 심리학

● '본고장…'이라는 말은 상대방도 본고장에 가봤을 때에만 할 것.

▶ 깊이 있는 지식이나 해설은 마음속에 담아두고 모두가 즐길 수 있는 이야기를 하자.

▶ 약간 자랑하고 싶다면, 먼저 상대방이 자랑할 수 있는 이야깃거리를 꺼내자.

▶ 무슨 일이 있어도 '본고장의…'라고 말하고 싶다면 '내가 아는 아무개가 그러는데…'라고 말을 시작하자.

큰 목소리로
다른 가게를
칭찬하는 사람

_ 이성에게 인기가 없다

　도심의 신축 빌딩에 들어선 중국 음식점.

　회사원인 세 여성이 퇴근 후 식사를 즐기고 있는 상황을 상상해보자.

　"이 집 만두 맛있지? 차이나타운에 있는 ○○보다 더 맛있는 것 같아."

　이 여성은 본격적으로 음식에 대한 품평을 시작한다.

　"근데 아까 먹은 새우 칠리소스는 별로였어. ○○이라는 집 알고 있지? 작년 여름에 갔던 집. 그 집이 이 집보다 고급스러워 보였는데. 가격도 더 싸고….”

직장에서 벗어났다는 해방감에서인지 이런 이야기를 시작하는 사람들이 있다. 그것도 점원이나 주인, 혹은 다른 손님들에게 들릴 정도로 커다란 목소리로.

함께 자리한 일행은 주위 사람들의 시선에 신경이 쓰인다. 점원이나 주인이 들으면 기분이 좋을 리 없다.

다른 손님들도 ‘모처럼만에 기분 좋게 먹고 있는데 찬물을 끼얹는구먼’ 이라고 생각할 것이다.

그런 분위기를 깨닫지 못하고 신나서 떠드는 것은 정작 본인뿐이다.

이런 사람은 함께 있으면 ‘심심하지는’ 않지만 남을 배려할 줄 모르는 사람이다. 악의가 없기 때문에 주위 사람들이 싫어한다는 사실도 깨닫지 못한다.

여성들끼리만 있는 자리에서는 ‘또 그런 소리 한다’ 며 면박을 주고 화제를 바꾸면 끝이겠지만, 상대가 남성이라면 ‘무신경한 여성’ 이라고 느끼기 때문에 평생의 동반자로는 생각지 않을 것이다.

이처럼 함께 있으면 ‘즐거운 여성’ 은 가볍게 만나는 상대로는 인기가 있을지는 몰라도 이성에게는 사랑받지 못하는 경우가 있다.

친구들에게는 신경을 쓰지만, 밖에 나가서 자연스럽게 하는 행동에서 배려하는 부분이 결여되어 있기 때문이다.

 Tip 식탁 위의 심리학

- ● 다른 음식점과 비교할 때는 한쪽만 나쁘게 말하지 말고 양쪽 모두를 칭찬하자.

▶ '누군가 비교를 시작하면 얼른 화제를 바꾸자.

▶ 사람과 사람을 비교하는 버릇도 가지고 있을 테니 비교하는 말은 꺼내지 말자.

▶ 함께 있는 사람이 싫어할 말은 적극 피하자.

▶ 자리를 함께 한 사람과 눈앞에 있는 음식을 얼마나 맛있게 먹을 수 있는가가 '식사력(食事力)'이라는 사실을 알아두자.

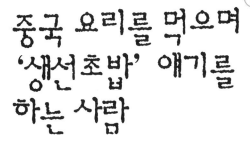

중국 요리를 먹으며 '생선초밥' 얘기를 하는 사람

_애인에 대한 불만의 표시

어떤 일에 대해서나 즉각적으로 "정말?", "귀여워."라는 말로 모든 것을 끝내 버리는 사람이 있다. "너무 귀엽다! 정말 귀여워." 등등의 말로.

어떤 사람은 "원래 '너무'는 부정적인 뜻으로 쓰이는 말이다."라거나 "정말? 이라고 되물으면 내 말을 믿지 못하겠다는 뜻으로 들린다."라며 한탄하기도 한다.

그러나 심리학의 입장에서 보면 말의 화법이야 어찌됐든 상대방의 말에 가능한 한 긍정적으로 맞장구치는 자세는 나쁘지 않다.

"그게 뭐 어쨌다고." 하며 무슨 일에나 부정적인 사람에 비하면 "이 갈비 너~무 너~무 맛있지 않아? 눈물이 날 정도로 맛있어."라는 젊은이들의 말은 '맛있다!'는 긍정적인 감정을 공감하고 싶다는 건전한 심리상태를 나타낸다.

이와는 반대로 눈앞에 맛있는 음식이 있고, 모두가 맛있게 먹고 있는데 다른 음식 이야기를 꺼내는 것은 '마음은 언제나 콩밭에 가 있는 사람'이라는 증거이다.

한참 중국요리를 먹고 있는데 "지난주에 과장님이 사주신 초밥 정말 맛있었는데…"라고 말하는 사람. "그때 그 참치회, 너무 맛있어서 잊을 수가 없어!"라는 등.

이런 경우는 여럿이 함께 먹고 있는 음식을 긍정하는 것도, 부정하는 것도 아니라 아예 관심이 없는 것이다.

새로운 여자친구와 함께 있어도 예전에 사귀던 여자의 얼굴이 머리를 스치고 지나가 자신도 모르게 그녀의 이야기를 꺼내 버리고 마는… 이런 타입이다.

이는 눈앞에 있는 사람만으로는 만족할 수 없어 욕구가 채워지지 않기 때문이다.

새로운 애인을 만나도 문득문득 예전에 헤어진 애인을 연상시키는 말을 꺼낸다.

이처럼 '콩밭에 가 있는 마음 상태'를 바로 들켜 버리기 때문에 연애도 인간관계도 잘 풀리지 않는다. 그렇기 때문에 상대방도 불만을 느끼게 되고, 이와 같은 악순환이 되풀이 되는 것이다.

 Tip 식탁 위의 심리학

- ● 다른 식당에 대해서 이야기하고 싶어도 식사가 끝날 때까지 기다릴 것.
- ▶ 상대방의 이야기에 귀를 기울여 진지하게 들어주는 사람이 되자.
- ▶ '너무 맛있다!' 라고 말해도 상관없으니 자신의 감정을 솔직하게 표현하자.

전문가인 척
말하기 좋아하는
사람

_ 자기과시욕의 표출

만화가로 에도 문화에 조예가 깊었던 스기우라 히나코(杉浦日向子) 씨의 영향인지, 이케나미 쇼타로(池波正太郎) 씨의 영향인지 10여 년 전부터 '메밀국수 집에서 한잔' 하는 것이 작은 유행이 되어버렸다.

메밀국수 집에서 한잔을 즐기는 마니아들 중에 전문가인 양 이야기하는 사람이 있다. "사라시나(更級, 메밀의 산지) 메밀국수보다 야부(메밀의 속껍질을 벗기지 않고 그대로 가루로 만드는 것) 메밀국수의 역사가 더 짧아. 역시 역사가 있는 게 좋지."

라는 등의 말을 한다.

전문가인 양 이야기하고 있지만 깊이가 없기 때문에 아는 사람이 들으면 '사라시나보다 스나바(砂場)의 역사가 더 긴데…'라며 금세 무식이 탄로난다. 뿐만 아니라, 멋을 아는 전문가인 양 이야기하는 모습 자체가 역겹게도 느껴지고 우스꽝스럽게도 느껴진다.

그런 사람일수록, 작고 이름있는 메밀국수 전문점에 떡하니 자리를 잡고 앉아서, 손님이 기다리고 있어도 모른 척하고 일어날 생각을 하지 않는다. 그리고 자꾸만 술을 시켜대며 눈에 거슬리는 행동만 한다.

메밀국수와 술 자체에 대한 지식뿐만 아니라 먹는 태도, 예의까지 갖춰야 비로소 전문가가 될 수 있는 법. 따라서 진짜 전문가는 아는 척하지 않고 겸손하다. 자기과시욕을 발휘하기 위해서 전문가가 된 것이 아니기 때문이다.

자신을 전문가처럼 보이고 싶어하는 사람은 다른 사람을 자신의 단골 음식점에 데려가 주인에게 "늘 먹던 대로!"라고 말한다. 그 가게 단골이며 전문가라는 사실을 보란 듯이 자랑하고 싶은 것이다. 하지만 상대방은 '쳇, 잘난 척하기는…'이라고 생각할 것이다. 정말로 단골이라면 주인이 먼저 "평소대로 하시겠습니까?"라고 묻는다. 그 점이 전문가인지, 전문가인 척하는 것인지의 차이다.

전문가인 척하는 순간 사람들은 '잘난 척하고 싶은 게로군' 이라고 속마음을 꿰뚫어 본다. 그리고 자기과시욕이 강한 사람이라는 인상을 상대방에게 심어주게 된다. 가게 사람들도 내심 "또 왔어? 귀찮아…'라고 생각할 것이다.

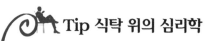

Tip 식탁 위의 심리학

● 음식에 대한 이론이 아닌, 먹는 즐거움을 익힐 것.

▶ 음식점의 분위기, 상대방의 반응을 분명하게 파악할 것.

▶ 진정한 전문가는 어떻게 행동하는지를 배울 것.

음식에 대해 이러쿵 저러쿵 말이 많은 사람

_ 리더십이 부족하다

"아니야, 아니야, 배추는 이쪽, 쑥갓은 저쪽이야."

"다 익으면 내가 알아서 떠줄게."

전골을 먹을 때면 늘 이렇게 시끄러운 사람들이 있다.

본인은 '내가 하지 않으면 안 된다니까' 라며 약간 불만스럽게 생각하면서도 그 자리를 '주도하는 사람' 으로서의 자기과시욕에 빠져 대만족이다. 하지만 함께 한 사람들은 '아이고…또 시작이네' 라고 넌더리를 내면서도 예의바르게 따른다.

이렇게 감 놔라 배 놔라 하는 사람들은 성실한 반면 융통성이 없다. 'ㅇㅇ은 이렇게 해야 한다'라거나 'ㅇㅇ하지 않으면 안 된다'는 고집스러움이나 강박관념이 강한 스타일로, 관대함이 부족한 경향이 있다. '옳은 것은 옳은 것이다'라는 생각에 집착하는 것이다.

그렇기 때문에 "자, 파는 지금 먹는 게 좋아요. 어서, 어서 드세요."라며 시끄러운 일면도 있다.

악의는 없지만 상황에 맞는 현명한 판단은 내리지 못한다. 무엇이든 원리원칙대로 처리하기 때문에 신용은 얻지만 인망이 두텁지 못해 리더로 추천받지 못한다.

반대로 임기응변에 능하고 리더십이 있는 사람은 타인을 잘 이용한다.

"배추, 먼저 넣어도 되나요? 쑥갓은 여기에 놓아야 하죠? 네? 직접 하시겠다고요? 고맙습니다!"

아무것도 하지 않고 멍하니 지켜보기만 하는 것도 아니고, 자신이 앞장서서 나서지도 않고 요리에 자신이 있는 사람이 있으면 그 사람에게 맡긴다. 이 정도로 처신할 줄 알아야 사람도 부릴 수 있는 법이다.

중요한 사실은, 가장 사랑받는 사람은 솜씨는 없지만 즐겁다는 듯 맛있게 먹는 사람이다.

감 놔라 배 놔라 말이 많은 사람은 그런 사람에게서 질투를 느낀다. '나는 이렇게 신경을 쓰고 있는데, 납죽납죽 받아먹기만 하고…' 라고 생각하는 것이다.

  그런 생각이 든다면 자신의 역할을 다른 사람에게 넘기고 타인을 잘 이용하거나, 잘 먹는 쪽으로 역할을 바꿔 보기 바란다.

 Tip 식탁 위의 심리학

- ● **형식적인 상식을 강요해서는 안 된다.**
- ▶ 내가 좋아한다고 다른 사람들도 좋아하는 것은 아니다.
- ▶ 무슨 일이든 내가 '주도해야 한다'는 생각 때문에 미움을 받게 된다.

생선구이에
솜씨 좋게 레몬을
뿌리는 사람

_ 뻔뻔한 사람

남자들끼리 술집에서 술을 마시고 있다. 생선회를 안주 삼아 마시고 있던 중, 당신이 먹고 싶어서 시킨 삼치구이가 등장했다.

그 순간 함께 술을 마시던 사람이 당신의 의향은 물어보지도 않고 삼치구이 전체에 간장을 뿌린다면 어떤 생각이 들겠는가?

'아무렴 어때…' 라고 생각하는 사람도 있겠지만, 대부분은 차마 말은 하지 못하고 '지금 뭐하는 거야?' 라고 속으로 경악할 것이다.

술집에서 안주로 시킨 것이니 주문한 음식을 함께 먹는 것은 당연한 일이다. 그래도 우선은 삼치구이를 주문한 사람이 먼저 먹는 것이 예의이다.

게다가 간장을 뿌려서 자기 입맛대로 해놓은 것이 바로 문제이다. 같이 먹는 사람의 입맛은 생각지도 않는 무심함에 기가 막힐 지경이다.

마찬가지로 생선구이나 닭튀김 등과 함께 나온 레몬을 아주 익숙한 손놀림으로 한 방울도 남기지 않고 짜서 음식에 뿌리는 여성들이 있다.

생선회의 풍미를 즐기는 은어나 미묘한 맛을 즐기고 싶은 생선구이에도 레몬을 잔뜩 뿌려서, 본래의 향도 맛도 알 수 없을 정도로 만들어버린다.

자신의 솜씨를 자랑하고 싶어하는 것일지도 모르겠지만 상대방을 배려하는 방법도 모르고, 상대방의 취향을 살피지도 않는 사람이다.

그녀들은 눈치가 빠른 자신에게 만족하며, 레몬을 뿌리지 않는 사람을 '눈치가 없는 사람'이라고 생각하고 있는 듯하다. 그리고 '원래 뿌리지 않는 사람'이 있다는 사실, '원래는 레몬을 뿌려서는 안 되는 음식'이 있다는 사실은 꿈에도 생각지 못하는 것이다.

이런 타입은 섬세함이 부족한 사람이다. 그것을 알고 있는 상사는 '그래, 이 사람은 중요한 손님과 만날 때는 함께 가지 못 하겠군' 이라고 생각하게 될 것이다.

 Tip 식탁 위의 심리학

● **진심으로 남을 배려한다는 것은 상대방의 취향을 살피는 것이다.**

▶ '자신이 모르는 사실이 있다는 점을 깨달아야 한다.

▶ 왜 간장을 뿌리는지, 레몬을 뿌리는지를 생각해야 한다.

▶ 행동하기 전에 동석한 사람의 의견을 확인할 것.

'손님은 왕이다' 라며 허세 부리는 사람

_ 억눌린 콤플렉스 덩어리

　불친절한 식당 vs 왕재수 손님. 입장을 바꿔놓고 생각해봐야 할 부분이다.

　손님을 손님이라고도 생각지 않고 "그냥 주는 대로 먹어." 라고 소리를 지르거나 "곱빼기가 메뉴판 어디에 있다고 시켜?"라고 말하는 자칭 욕쟁이 주인이 있다.

　반대로 음식점 종업원들을 질색하게 만드는 손님이 있다. 그들 대부분은 '나는 손님' 이라는 점을 마치 무슨 특권이라도 되는 양 한껏 누리겠다는 태도로 가게 사람들과 사사건건

대립한다.

젊은 종업원에게는 허세를 부리며 걸핏하면 "주인을 불러 와!"라며 큰소리를 낸다. '나는 손님이니 무슨 말을 해도 상관없다. 그럴 권리가 있다'고 생각하고 있는 듯하다.

이와 같은 착각을 하고 있는 사람에는 두 종류가 있다.

하나는, 집안이나 회사에서 위세를 부릴 수 있는 위치에 있는 독선적인 사람이다. 자신의 세력권 안에서 부리던 위세가 그대로 다른 곳에서도 통할 것이라 착각하고 있는 것이다.

그리고 또 다른 하나는, 평소 윗사람에게 억눌림을 받거나 비굴해져서 자기과시욕을 채우지 못하는 생활을 하고 있는 사람들이다.

후자의 경우는 '이런 곳에서 위세를 부리지 않으면 내 자신의 권위를 보일 수 없다'는 콤플렉스를 가지고 있는 사람이다. 평소 자신의 매력으로 사람을 사로잡거나 자신의 주장을 상대방에게 제대로 전달하지 못하기 때문에 '손님의 입장'을 최대한 이용하여, 제 세상을 만난 사람처럼 음식점 사람들을 함부로 대하는 것이다.

"서비스업이란 무조건 손님을 왕으로 받들어야…"라며 논리적으로 설명하려는 사람도 있는데 역시 허세를 부리고 싶은 것일 뿐이다.

손님이라는 '우월적 위치'에 있을 때 외에는 자신의 생각을 말하지 못하는 사람이다. 어찌보면 왠지 불쌍한 사람이라는 생각이 든다.

Tip 식탁 위의 심리학

- 손님과 가게의 관계는 '음식 및 서비스'와 '금전'을 거래하는 대등한 관계라고 인식하자.

▶ 함께 먹는 사람, 주위 손님들에게 불쾌감을 심어 주어서는 안 된다.

▶ 음식점이 마음에 안 들면 나오면 된다.

▶ 불만을 말하는 방법에 따라서 상대방이 흔쾌히 들어주는 경우도 있다.

음식이 식는데도 계속해서 이야기하는 사람

_ 자신의 입장을 호소하고 싶다

고급 프랑스 요리가 아니라도 요리에는 먹는 순서가 있다. 전채 요리로 시작해서 후식으로 끝날 만큼 엄격하지는 않더라도, 생선회를 먹기 전에는 향신료를 많이 넣은 음식을 먹지 않는 등, 자기 나름대로의 '맛있게 먹기 위한 순서'는 자연스럽게 익히고 있을 것이다.

그러나 그런 것에 무신경한 사람이 있다.

갓 튀겨내어 자글자글 소리를 내는 먹음직한 튀김을 눈앞에 두고 쉬지 않고 이야기를 하느라 젓가락을 댈 생각도 하지 않는다.

자기 혼자서 떠드는 거라면 몰라도 '안 그래?', '그렇지?' 라거나 '너는 어떻게 생각해?' 라며 수긍 이상의 것을 상대방에게 요구한다.

상대방은 '맛있겠다, 식기 전에 먹고 싶은데…' 라고 생각하고 있지만 좀처럼 먹을 기회를 주지 않는다. 혹시 여러분의 직장 상사도 그런 사람이 아닌지?

그런 사람들은 꼭 끝에 가서는 이렇게 말한다.

"왜 그래? 안 먹어? 튀김을 별로 안 좋아해?"

'당신이 쉬지 않고 얘기를 해서 먹을 기회가 없었다고!' 라고 말하고 싶지만, 꾹 참을 수밖에 없다. 그들은 튀김을 먹으면서 이렇게도 말한다.

"이것 봐, 빨리 안 먹어서 식었잖아."

일단 이야기를 시작하면 주위가 보이지 않고 시간이 흐르는 것도 잊고 계속해서 이야기를 하기 때문에 자기 자신을 완전히 잊고 마는 것이다.

우리 주위에 이런 상사가 적지 않을 것이다. 왜냐하면 처음부터 부하를 격려하기 위해서 식사를 하자고 한 것이 아니라 상사로서의 입장을 들려주기 위해서 마련한 자리이기 때문이다. 그리고 자신의 말에 취해서 끊임없이 이야기를 하게 되고….

상사의 이런 심리상태를 조금이나마 이해한다면 비록 튀김은 식더라도 조금은 들어주고 싶은 마음이 생길지도 모른다.

 Tip 식탁 위의 심리학

● 이야기에 열중하더라도 분위기 전체를 객관적으로 파악하고 있을 것.

▶ 뜨거운 것은 뜨거울 때, 차가운 것은 차가울 때 먹어야 한다.

▶ 음식이 나오면 상대에게 먼저 권하는 습관을 가질 것.

▶ 이야기는 중간 중간 사이를 두고 해야 한다.

단골집에 데려가고
싶어하는 사람

_ 자기중심적인 사람의 달갑지 않은 호의

남성이든 여성이든 단골로 가는 찻집이나 술집에서는 마음이 편안해지는 법이다.

회사에서 접대 시에 이용하는 클럽이나 음식점도 평소 다니는 가게로 가는 편이, 가게 사람들도 적절하게 응대를 해주기 때문에 손님의 만족도도 높아진다.

그러나 손님이나 친구, 혹은 연인을 자신의 단골집으로 데려가는 것이 반드시 좋은 것만은 아니다.

예를 들어 이제 막 사귀기 시작한 여성을 데리고 카운터에 앉아 술을 마시는 바에 갔다고 하자.

바텐더와 그곳의 손님들이 모두 낯익은 얼굴이다. '○○씨, 이번 펀드투자 어떻게 되셨어요?', '일전에 많이 취하셨던데 댁에 잘 들어가셨어요?' 등등…, 여성이 모르는 이야기가 이어질 가능성이 매우 높다.

남성은 '애인을 데리고 가서' 만족하고 있을지 몰라도, 여성은 '따분해'라는 생각이 들고 홀로 남겨진 것 같은 생각이 들어 둘 사이의 관계에 금이 가게 될지도 모른다.

여성들끼리만 있을 때도 마찬가지이다. 걸핏하면 자신의 단골 술집으로 데리고 가려는 사람이 있다. 거기서 가게 사람들과 농담을 하기도 하고 '레몬소주, 레몬 많이 넣어서요'라고 주문하기도 한다.

자신은 스스럼없이 이야기하고 단골손님답게 행동할 수 있어서 편안할지 모르겠지만, 홀로 남겨진 친구는 외톨이가 된 것 같아 따라온 것을 후회하고 있을지도 모른다.

이런 사람은 무의식중에 자신의 페이스, 자신의 생활 범위 속으로 타인을 끌어들인다는 점에서 자기중심적인 성격이다. 그런데 정작 본인은 그런 점을 조금도 깨닫지 못한다. 본인은 '친구를 즐거운 곳에 데리고 갔다'고 생각하고 있는 것이다.

자기중심적인 사람이 타인을 생각해서 하는 행동은 대부분

달갑지 않은 호의인 경우가 많다. 하지만 악의는 없기 때문에 노골적으로 불평을 토로할 수도 없고, 속으로만 짜증나게 만든다.

접시를
가지런하게 다시
늘어놓는 여성

_ 집착이 강한 여성

예절을 모르는 것인지, 아니면 종업원 교육을 제대로 시키지 않은 것인지… 접시를 아무렇게나 내려놓는 음식점이 있다. 접시를 비딱하게 놓거나, 그릇을 놓을 공간이 없으면 접시로 접시를 밀어서 억지로 쑤셔 넣듯 공간을 만들고… 아무런 말도 없이 쿵 소리를 내며 마실 것을 테이블 위에 놓고 간다.

솔직히 접시의 방향에 대해서는 애매한 부분이 있기는 하다. 예전 같으면 남자가 상석(上席)에 앉는 것이 일반적이었지만 요즘에는 여성을 안쪽 자리에 앉히는 경우가 많다. 그러나 누가 계산을 할지, 점원들은 한눈에 알아본다.

생선회나 생선구이의 접시를 어느 방향으로 놓아야 할지는, 쉬운 문제가 아니다. 조금 익숙해지면 남성에게 "이쪽으로 놓으면 되겠습니까?"라고 묻는 등 신경을 써가며 윗자리를 향해 놓게 되지만 서민적인 식당에서는 그렇지도 않다.

음식을 먹는 법, 음식을 놓는 법이 변해서 늘어놓은 접시의 위치나 방향을 자신들이 다시 바꾸는 남성이나 여성들도 많아졌다.

자신 쪽으로 향해도 아무렇지도 않은 사람이 있는가 하면, 상대방 쪽으로 향하게 하는 사람도 있다. 자신과 상대방 모두가 집기 편한 곳에 놓는 사람, 그대로 두는 사람 등 여러 가지 타입으로 나눌 수 있다.

그런데 자신이 가장 좋다고 생각하는 방법에 지나치게 집착하는 사람은 약간 거슬린다.

"이건 여기, 이건 저기. 그건 여기."라며 마치 퍼즐을 맞추기라도 하듯 자신이 생각한 자리에 놓지 않으면 직성이 풀리지 않는 사람이다.

아무것도 하지 않는 것보다는 나은 듯 보이기도 하지만 일일이 "그건 저쪽으로… 이건 한가운데 놓읍시다."라며 덜그럭덜그럭 옮기면 입맛이 떨어지고 만다.

이런 사람들은 자신도 모르는 사이에 자신이 집착하고 있는 것을 남들에게 강요하고 있다. 그래서 자칫 귀찮은 사람이라 여겨지게 된다. 주의하시압.

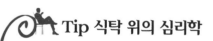

Tip 식탁 위의 심리학

● **과유불급. 약간 마음에 들지 않더라도 너무 위치를 바꾸지는 말 것.**

▶ 점원이 놓기 전에 '여기에 놓으세요'라고 말하는 것이 매너.

▶ 이야기 중에 덜그럭덜그럭 옮기는 것은 실례.

블로그에 올릴
음식 사진만
열심히 찍는 사람

_ 일의 핵심을 놓쳐버리는 사람

　인터넷이 보급되면서 자신의 블로그를 운영하고 있는 사람들이 늘어나고 있다. '그런 사생활까지 공개해도 괜찮을까?'라는 생각이 들 정도로 자신의 단골 식당에 대한 기록을 남기는 젊은 여성들도 있다.

　예쁘게 나온 인물 사진을 올리는 사람들도 있는데 스토커들에게 정보만 노출하는 건 아닐까 걱정스럽다.

　그런 블로그를 즐기는 사람들 가운데 자신이 먹은 음식을 사진으로 찍어서 공개하는 사람들이 많다. 자신이 맛있다고 생각한 음식을 소개하고 싶다는 마음은 이해가 간다. 친구들이 봐주었으면 하는 바람도 이해가 간다. 자신이 먹은 음식을 자랑하고 싶은 심리도 있을 것이다.

그러나 타인과 식사를 하러 가서 음식이 나왔는데도 "음~ 이 각도는 별로 좋지 않은데."라거나 "접시에 빛이 반사된단 말이야."라며 언제까지나 사진 찍기에만 신경을 쓴다면?

구운 음식이나 삶은 음식은 식어 버리고, 일어서서 사진을 찍으면 다른 손님에게도 피해가 된다. 가게 사람들도 고운 시선으로 보이는 않을 것이다.

한 생선초밥 요리사가 "생선초밥은 만들고 3초 이내에 드십시오. 맛이 변해 버리니."라고 말한 적이 있다. 음식이란 그런 것이다. 라면집에서도 각도를 바꿔가며 1~2분 동안 사진을 찍는 사람이 있다고 하는데 그러면 면발이 불어서 제 맛을 느끼지 못하게 된다.

본말(本末)이 전도된 행동이다.

음식점 사람들은 '맛있는 음식'을 제공하기 위해서 노력하고 있다. 손님 역시 '맛있는 음식'을 먹기 위해 음식점을 찾는다. 그런데 그런 손님들은 '블로그에 올리기 위한 노력'만 한다. 맛있게 먹는 것이 원래의 목적이었을 텐데, 어느 틈엔가 '블로그에 공개하는 것이 목적'이 되어 버렸다.

그런 손님들의 심리상태를 살펴보면, 사진을 찍은 순간 이미 목적의 절반 이상은 이루었다고 생각한다. 그런 다음 '시킨 음식이니 먹어볼까?' 라고 생각한다.

당신이라면 그런 사람과 함께 식사를 하고 싶을까? 틀림없이 후회할 것이다.

자신이 무엇을 하고 있는지, 무엇을 하고 싶은지 깨닫지 못하는 사람들…. 하나를 보면 열을 알 수 있는 법. 이런 사람들은 일의 핵심을 놓쳐 버리고 마는 사람이라고 생각해도 된다.

 **Tip 식탁 위의 심리학**

● 맛있는 음식을 맛있게 먹는 것 자체가 행복이다.
▶ 맛있는 음식을 맛있을 때 먹지 않는 것은 손해.
▶ 맛있다고 느끼며 먹으면 이런 습관은 사라진다.

• 제2장 •

밥 먹을 때
그 사람의 본성이
드러난다

싫어하는 음식을 노골적으로 피하는 여성

_ 배려심이 없는 여성

누구에게나 한두 가지쯤 못 먹는 음식이나 싫어하는 음식이 있게 마련이다.

미식가로 소문난 사람 중에도 파를 못 먹는 사람이나 전복이나 소라의 갯내를 싫어하는 사람도 있다. 열대 과일처럼 향이 강한 음식을 먹지 못하는 사람들도 있다.

도저히 먹을 수 없는 음식이 있는 것은 어쩔 수 없는 일이다. 하지만 다른 사람과 식사를 할 때 상대방에게 불쾌감을 주지 않기 위한 방법만은 생각해 둘 필요가 있다.

예를 들어 중국요리의 볶음요리 속에 싫어하는 피망이 들어 있을 때, 당신은 어떻게 하는가? 우선은 싫어하는 음식을 옆으로 골라내는 작업을 시작, 그 작업이 어느 정도 끝나고 난 다음 편안한 마음으로 음식을 먹기 시작한다? 이것은 모양이 좋지 않다.

아래를 내려다보며 접시 위의 음식을 골라내느라 꼼지락꼼지락 작업에 몰두하는 모습이란…. 우아함과는 거리가 먼 그 행동은 어떤 미인이라도 매력을 싹 가시게 할 뿐만 아니라, 상대방에게 환멸을 느끼게 한다.

그런 모습은 '나는 노골적으로 좋아하는 것만 골라 취하는 사람이에요'라고 말하고 있다.

'싫은 것은 싫은 것'이라고 분명하게 의사표시를 하는 사람이라는 사실을 몸짓으로 나타내고 있는 것이다. 그것은 동시에 '좋은 것은 좋은 것'이라고 노골적으로 의사표시를 하는 사람이라는 뜻이다.

바로 이 '노골적인 느낌'이, 주위의 분위기를 파악해서 사람들에게 신경 써주는 사람이 아니라는 인상을 심어준다. 많은 사람들을 파티에 초대해 놓고, 성공한 사람에게만 신경을 쓰는… 그런 사람을 떠오르게 한다.

애초부터 노골적으로 싫어하는 음식이 들어 있는 요리를 시킨다는 것 자체가 '무개념한 사람'으로 비치는 요인이 되기도 한다.

싫어하는 음식이 있을 때는 주문하기 전에 미리 들어가는 재료를 파악해두는 것이 요령이다.

 Tip 식탁 위의 심리학

● 뜻밖에도 싫어하는 재료가 들어 있다면 상대방에게 먹어 달라고 부탁할 것.

▶ 가리는 음식이 많은 사람은 미리 들어가는 재료를 확인 하자.

▶ 싫어하는 음식이 없는 부분만 조금 먹고 남기는 편이 낫다.

지나치게
사양하는 여자

_ 두번 다시 식사 초대를 받지 못한다

"함께 식사를 하는데 다이어트를 한다면서 눈곱만큼 먹는 남자, 마음에 안 든다니까. 나까지 입맛이 떨어지잖아."

"맞아, 맞아. 다이어트는 남 몰래 노력해야지. 데이트하는데 다이어트가 다 뭐야. 남자는 뭐든지 맛있게 잘 먹는 게 보기 좋아."

"나도 잘 먹는 사람이 좋아. 소식하는 남자는 비실비실해 보여서 싫어."

대부분의 젊은 여성들은 이런 생각을 갖고 있다. '뚱뚱한 사람은 싫고 날씬한 사람이 좋다'고 말하면서도, 같은 입으로 '소식하는 사람은 싫다'고 하니 참으로 앞뒤가 안 맞는 말 같다.

하지만 그것이 인간의 심리다.

남성들도 '술 마시는 여자는 싫다'면서도 '가끔은 함께 마셔 줬으면 좋겠다'고 생각하거나, '살림에 찌든 여자는 싫다, 항상 아름답게 가꿀 줄 아는 여자가 좋다'고 생각하면서도 '집안일을 소홀히 하는 여자는 싫다'고 생각한다.

여성과 함께 식사를 할 때도 마찬가지이다.

"최고급 와인과 하몬 이베리코, 베루가… 그리고 트루프 소스를 뿌린 푸아그라에다가…."

이처럼 조금도 사양치 않는 여성에게는 '이 여자 뭐야? 뻔뻔하기는'이라고 화를 내면서도, 지나치게 사양하는 여성에게서는 매력을 느끼지 못하는 법이다.

"뭘로 하시겠습니까?"

"그냥… 아무거나 상관없어요. 알아서 시키세요."

조그만 목소리로 이런 말만 되풀이하면 상대편은 '즐겁지 않은가 보다'라고 생각하게 된다.

함께 있는 시간이 얼마나 즐거운가, 이것이 핵심이다. 따라서 여성의 입장에서 보면 남성의 다이어트는 그다지 반갑지 않다.

함께 식사를 할 때 즐거운가, 즐겁지 않은가, 이런 것을 판단 재료로 삼아, '이 사람은 나와 맞지 않는다'고 결론을 내리는 법이다.

 Tip 식탁 위의 심리학

● **사양하더라도 너무 지나치게는 하지 말 것.**

▶ 가격이 서로 다른 것을 제안하여 싼 쪽을 택하면 좋은 인상을 심어줄 수 있다.

다른 손님이
시킨 음식을
둘러보는 여성

_ 유쾌한 현실주의자

　메뉴에 적힌 글자만 보고 어떤 음식인지 쉽게 상상이 안 되는 음식이 있다.

　돼지갈비나 햄버거스테이크, 토마토샐러드나 장어구이 등은 글자만으로도 충분히 알 수 있기 때문에 메뉴판에 사진을 넣을 필요가 없다.

　그러나 '계절 야채를 곁들인 프로방스 풍 오리 훈제'와 같은 것은 사진이라도 없으면 도대체 어떤 음식인지 알 수가 없다.

선뜻 물어볼 생각이 들지는 않고, 종업원에게 한두 마디 설명을 요청하느냐 청하지 못하느냐에 따라서 그 사람의 성격을 알 수 있다.

뭔지도 잘 모르면서 '물어보기 창피하니 그냥 시키자'는 사람은 성급하기는 하지만 행동력이 있는 사람이다.

반면 모르는 것은 시키지 않는 사람은 신중하고 위험을 떠안기 싫어하는 성격이다.

그리고 메뉴를 잘 모르겠으면 주위를 둘러보며 '저거!'라며 다른 손님들이 먹고 있는 것을 확인한 뒤, "저거랑 같은 걸로 주세요. 아주 맛있어 보이네요."라고 말하는 사람은 현실주의자이다.

남들이 먹는 것을 따라 먹는 것이 마음에 들지 않는 사람도 있을 것이다.

하지만 그 요리가 맛있어 보이고 그것을 시킨 사람이 맛있게 먹는 모습만큼 확실한 것도 없다. 현실적으로 생각해보면 그것이 가장 좋은 방법이다.

게다가 "맛있어 보이네요."라고 덧붙이면 주문받는 사람도 나쁘게는 생각지 않는다.

체면을 차리느라 잘 모르는 채로 주문하거나, 지나치게 안전 위주로 생각해서 새로운 음식에 도전하지 않는 사람보다는, 남들이 먹고 있는 음식을 둘러보는 사람과 함께 식사를 하는 편이 훨씬 더 맛있는 것을 먹을 수 있다. 그래서 더 즐거운 시간을 보낼 수 있다.

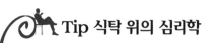

Tip 식탁 위의 심리학

● 모르는 것이 있으면 주저하지 말고 묻자. 그리고 주위 사람들의 음식을 둘러보자!

▶ 좋아하는 음식을 말하지 못하는 사람에게 '저거 맛있어 보이네' 라고 말해 보자.

▶ 다만 '저게!' 하며 손가락으로 가리키는 것은 실례가 된다. 가게 사람에게 조그만 목소리로 설명하자.

자기 것만 '추가' 주문하는 사람

_ 각자 알아서 즐기자는 심리

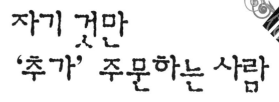

　술을 마실 때는 물론 카페나 레스토랑에서도, 직장 상사와 함께 있는 자리에서 대부분의 남자 사원들은 "부장님, 같은 걸로 더 하시겠습니까? 아니면 다른 것을 시킬까요?"라고 윗사람에게 신경을 쓴다.

　아부를 하려는 것도 아니고 특별히 승진을 위해서도 아니고, 남성들은 그런 상하관계에 익숙해져 있기 때문에 그것을 당연한 일이라고 생각한다.

　하지만 여성은 크게 두 가지 타입으로 나눌 수 있다. 하나는 지금 말한 남성사회의 관습을 그대로 받아들여 자연스럽게 '신경을 써주는 여성'이다.

그리고 또 다른 하나는 '가능한 한 신경을 쓰지 않는 여성'이다. 이것은 '마음에 들지 않는 사람에게는 신경을 쓰지 않는다'는 뜻이 아니라, 각자 자신의 취향에 맞춰서 편안하게 식사를 즐기자는 메시지를 포함하고 있다. 그 범위 안에서만 상대방에게 신경을 쓰겠다는 뜻이다.

그런데 후자에 속하는 사람이 공적인 자리가 아닌 사적인 자리에서는 어떤 태도를 취할까? 실제로 신경을 쓰는 사람은 어디에서나 신경을 쓰며 그렇지 않은 사람은 공적인 자리든 사적인 사리든 그다지 타인에게 신경을 쓰지 않고 자신의 기분대로 편안하게 즐긴다.

사적인 자리에서 본심이 행동에 더 쉽게 드러나는 것은 분명한 사실이다. 따라서 공적인 자리에서보다는 긴장이 풀어지거나 꾹 참던 것을 조금 덜 참는 등의 차이는 있지만 일반적인 경향에는 큰 차이가 없다.

"생맥주 하나 더 주세요! 앗, 과장님은 어떻게 하실 거예요?"

이렇듯 뒤늦게야 상대방에 신경쓰는 사람은, 사적인 자리에서는 친구의 잔이 비어 있어도 그다지 신경 쓰지 않고 "여기요! 생맥주 하나 더요!"라고만 말할 뿐이다.

이런 사람은 '서로 신경을 쓰지 않아도 되는 편안한 사이'가 아니라, 그 사람과 함께 자리를 하면 스트레스를 받는 그런 사람이 되기 십상이다.

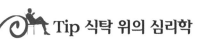

Tip 식탁 위의 심리학

● **자신이 마시고 싶을 때는 상대방도 마시고 싶어할지도 모른다고 생각할 것.**

▶ 사람들은 자연스럽게 '배려'할 줄 아는 사람을 더 좋아한다.

▶ 자신은 신경쓰지 않으면서 상대방이 자신에게 신경 써주기를 바라서는 안 된다.

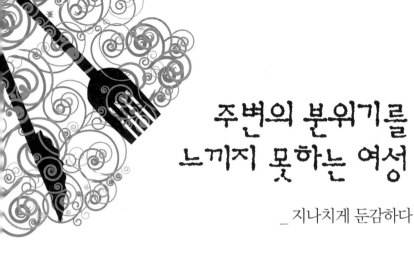

주변의 분위기를
느끼지 못하는 여성

_ 지나치게 둔감하다

좁은 통로에서 다른 사람과 스쳐 지날 때, 몸을 옆으로 비켜서 날렵하게 빠져나가는 '동작이 가벼운 사람'이 있는가 하면, 마치 길 전체를 전세 낸 양 조금도 비키려 들지 않는 사람도 있다.

지하철 안에서도 자신의 커다란 가방이 사람들에게 부딪히든 말든 성큼성큼 걸어가는 사람도 있다.

용기 있는 사람이라면 부딪힌 순간 "아야!" 하고 외치며 그 사람을 노려보자.

뜻밖에도 깨닫지 못하고 있었을 뿐 대부분의 사람들이 그때까지의 뻔뻔스러운 태도와는 달리 "아, 죄송합니다. 괜찮습니까?"라고 사과하는 경우가 많다.

그런 태도를 칭찬하자는 것이 아니다. '사과'를 하기 전에 그런 일이 벌어질지도 모른다고 생각하고 미리미리 사람들에게 피해를 주지 않도록 준비해야 한다. 그렇게 하지 못하는 사람은 도시생활 부적격자, '둔감한 사람'이라는 말을 들어도 하는 수 없다.

식사를 할 때도 웨이터나 종업원이 다음 요리를 가져왔는데도, 먹는 일이나 이야기에 너무 몰두해서인지 기척을 전혀 느끼지 못하는 사람이 있다.

이야기하는 중에 음식을 내려놓는 것이 실례가 되는 일이라 적당한 때를 보고 있는 사람의 마음을 헤아리지 못한다면 센스 있는 여성이라고 할 수 없다.

남성도 마찬가지이다. 그 정도의 감수성이나 상황판단이 없다면 성숙한 어른이라고 할 수 없다. 기척을 느끼고 "고마워요. 여기에 놔주세요."라는 정도의 반응을 보일 줄 알아야 분위기도 부드러워진다.

세상을 살아가려면 사소한 일에 신경 쓰지 않는 둔감함도 어느 정도 필요하다. 그러나 센서가 무뎌진 둔감함은 결코 좋은 것이 아니다.

이처럼 센서가 작동하지 않는 사람과 함께 식사를 하면, 나누는 대화 역시 그다지 즐겁지 않을 것이다.

 Tip 식탁 위의 심리학

● **식사를 할 때도 앞만 바라보면 교통사고와 같은 일이 벌어진다.**

▶ 함께 먹는 사람의 마음도 충분히 느껴가며 식사를 하자.

▶ '자신이 어떻게 보여지는가?'는 분위기로 파악할 것.

핫소스를
한껏 뿌려대는 여성

_ 날마다 새로운 자극을 추구한다

음식의 취향을 보면 그 사람의 성격이나 심리상태를 어느 정도 알 수 있다. 특히 자극적인 음식을 좋아하는 사람들은 그런 면이 두드러지게 나타난다.

피자나 파스타에 핫소스를 잔뜩 뿌려대는 사람.

메밀국수나 우동에 국물이 새빨개질 정도로 고춧가루를 뿌리는 사람.

매운 카레나 매운 라면만을 주문하는 사람.

자랑스러운 얼굴로, "역시 이 정도는 돼야 제 맛이지."

옆에서 보고 있자면 '그렇게까지 애쓸 필요는 없는데…' 라는 안쓰러운 생각이 들 정도이다. 하지만 본인에게는 그것이 당연한 일처럼 되어 버린 것이다.

자극적인 맛, 강렬한 맛을 즐기는 사람은 혀끝뿐만 아니라 마음속에도 '자극을 원하는' 욕구가 있다. 그 이면에는 현실에 불만을 품고 있다는 증거이다.

특히 원래는 매운 음식이 아닌데 핫소스나 고춧가루를 잔뜩 뿌려서 억지로 맵게 만들어 먹는 사람은 '자신이 하고 싶어 하는 일을 하지 못한다' 는 불만보다는 '자신이 놓여 있는 상황이 마음에 들지 않는다' 는 불만이 강한 사람이다.

이런 사람은 눈에 띌 정도로 자기 멋대로 행동하고 거침없이 말한다. 그것은 무엇인가를 바꾸고 싶다, 좀 더 즐겁게 살고 싶다, 좀 더 주목받고 싶다는 생각이 지나치게 강하기 때문이다.

시선을 자기 안으로 돌리는 것이 아니라 밖으로 돌리는 사람. 다시 말해 불만을 해소하기 위해서 자신이 변하려 하지 않고 주위 사람들에게 변화를 요구하는…, 그에 대한 반발인 측면도 있다. "핫소스를 그렇게 뿌려도 괜찮아?"라고 사람들을 깜짝 놀라게 하면 그를 바라보는 주위 사람들의 시선도 바뀔 것이다. 틀림없이 행동적이고 도전적인 사람이라고는 할 수 있다.

맵고 짠 것을 그다지 좋아하지 않는 주위 사람과 비교해 보면 서로의 성격에 커다란 차이가 있다는 사실을 금방 알 수 있을 것이다.

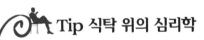

Tip 식탁 위의 심리학

● **맛도 보지 않고 소스를 듬뿍 넣어서는 안 된다.**

▶ 자극적이지 않은 부드러운 음식도 천천히 즐기면서 먹어 보자.

▶ 자신의 행동을 주위 사람들이 어떻게 보고 있는지, 조금은 생각해 볼 것.

중국요리점의
원탁을 빙글빙글
돌리는 사람

_ 친구 애인이라도 빼앗을 타입

다른 사람이 샐러드를 집으려는데 옆에서 기세 좋게 젓가락을 들이미는 사람.

생선회의 가장자리부터 먹지 않고 한가운데 가장 맛있는 부분부터 먹는 사람.

다리를 쩍 벌리거나 팔꿈치를 옆 사람에게 닿을 정도로 벌리는 등 예의를 모르는 사람은 어디에나 있다.

그런 사람들은 기본적으로 자기중심적이기 때문에 사람들이 점점 멀리 한다. 그런 매너는 부모가 엄격하게 가르쳐야 하는 것이 기본이지만 요즘 사회에서는 직장 상사가 가르쳐 주지 않으면 비즈니스에서 회사가 곤란한 상황에 빠질 수도 있다.

예의를 모르는 것뿐만 아니라 우물쭈물하거나 변덕을 부려서 빈축을 사는 사람도 있다.

여럿이 중국요리점에 가면 원탁으로 안내를 해준다. 음식을 먹으려면 커다란 접시가 몇 개 놓여 있는 원탁의 윗부분을 돌려야 한다.

이때, '저걸 먹어야겠다. 아, 좀 전의 음식 덜어 놓을걸 그랬어'라며 테이블을 갑자기 반대로 돌리기 시작한다. 먹고 싶은 것이 있으면 주위사람들은 아랑곳하지 않고 순간적으로 몸이 먼저 반응해 버린다.

곧바로 자기 접시에 담아 놓지 않으면 직성이 풀리지 않는 것이다.

인간에게 마음이 변하는 것이야 흔히 있는 일이지만, 인격이 제대로 된 사람이라면, 먹고 싶은 마음이 들어도 주위 상황을 살펴서 일단 모든 사람들이 덜어 갈 때까지 기다리는 게 예의다. 그런데 기다리지 못하는 사람이 있다.

이런 사람들은 옆 사람이 음식을 덜고 있어도 전혀 개의치 않는다. 멋대로 원탁을 거꾸로 돌리니 자기밖에 모르는 사람이라 낙인 찍혀도 하는 수 없다.

극단적인 얘기처럼 들릴지 모르겠지만 이런 사람을 절대 친구로 사귀지 말라. 친구의 애인이라도 자신이 갖고 싶으면 참지 못하는 성격이기 때문이다.

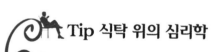

Tip 식탁 위의 심리학

● 테이블 전체를 살펴가며 계획적으로 음식을 덜 것.

▶ 시계바늘은 되돌릴 수 없다는 사실을 명심해 둘 것.

▶ 무슨 일이 있어도 먹어야겠다면 다른 사람에게 작은 접시를 주어 덜어 달라고 할 것.

'완전 맛있어'를 연발하는 여자

_ 머릿속으로는 딴생각을 하고 있다

텔레비전의 요리 프로그램을 보면 입에 넣자마자 채 씹기도 전부터 '맛있어, 맛있어!'를 연발하는 사람들이 많다. 씹어서 혀가 맛을 느끼기도 전에 어떻게 경탄할 수 있겠는가?

라디오만큼은 아니지만 텔레비전도 가능한 한 침묵의 시간이 생기지 않도록 해야 하기 때문에 출연진들이 '빨리 리액션을 취해야 한다!'는 강박증에 사로잡혀 있어서인 듯하다.

다시 말해 그들의 목적은 맛있게 먹는 것이 아니라 시청자들에게 어떻게 전달할까를 가장 먼저 생각하는 것이다. 출연자들은 그것이 직업이니 비난할 문제는 아니다. 하지만 일반인들이 일상생활 속에서 이 같은 행동을 하면 상대방이 환멸을 느끼게 된다.

젊은 여성들 중에도 음식을 입에 넣자마자 "음~ 맛있어, 맛있어!"라거나 "완전 맛있어!"라고 말하는 사람이 있다. 이것은 음식이 맛있다는 표현이 아니라 '친구들이 자신에게 동감해 줬으면 좋겠다'는 마음의 표출이다. 따라서 거기에 대해서 "완전 맛없는데."라고 대답하면 그 순간 분위기가 썰렁해지고 만다.

사회생활을 하는 어른이 '맛있다, 맛있어!'라고 즉시 말하는 사람은 다른 목적을 가지고 있다고 보아야 한다. 대부분의 경우는 식당 사람들에게 보내는 메시지이거나, 함께 한 사람들과 즐거운 시간을 보내기 위한 분위기 조성이거나, 선의의 표현이라고 볼 수 있다.

하지만 누군가가 한창 이야기를 하고 있는데 "이거, 맛있어! 빨리 먹자."라며 이야기를 가로막는다면 의도가 있는 행동이다.

그것은 틀림없이 이야기를 자기 페이스대로 끌고 가고 싶다는 마음의 표출이다. 그 '누군가'에게 질투심을 느끼고 있는 것이다.

겉으로 드러내지는 않지만 주위 사람들 모두 눈치를 채고 있다. '저 사람, 자신이 이 자리의 주인공이 되고 싶은 거구나' 라고. 그런 속마음을 들켜 버리고 나면 다음 식사 때는 아무도 함께 식사하려 들지 않을 것이다.

 Tip 식탁 위의 심리학

● 입 안에 음식이 있을 때는 이야기하지 말 것. 예의를 모르는 사람으로 보인다.

▶ '맛있다' 만을 연발하면 경박한 사람으로 보인다.

▶ 맛있어도 다른 사람이 이야기하고 있을 때는 말을 자르지 말 것.

당당하게
더치페이를
주장하는 여성

_ 연애에 좀처럼 진전이 없다

　남자와 여자가 식사를 하면 보통 남성이 계산을 하거나, 여성은 한턱 얻어먹을 수 있겠다고 생각하는 것이 일반적이다. 그런데 홋카이도 지역에서는 더치페이가 아주 당연한 일이라고 한다. 남녀의 차별이 낮고 우호적인 기질을 갖고 있는 홋카이도 사람들에게는 대등하게 사귀는 것이 일반적인 일인 듯하다.

　이처럼 지역성에 따른 기질의 차이도 있지만, 개인의 성격이나 경제 상황에 따라서도 '함께 식사' 할 때의 심리가 크게 달라진다.

'이번 달에는 약간 쪼들리는데….'

이럴 때는 상대방이 '한턱' 내주기를 기대하게 된다.

'이 사람 나보다 월급도 많이 받으니 얻어먹어도 되겠지? 게다가 남자고.'

이렇게 생각하는 사람도 있을 것이다.

'돈에 쩨쩨하지 않은 남자가 좋아. 아무 말도 하지 말고 계산해 줬으면 좋겠다.'

깍쟁이처럼 이렇게 생각하는 사람도 있을 것이다.

이처럼 '한턱'을 내거나 얻어먹는 관계는 친밀함이 있어야만 성립된다. 따라서 식사를 몇 번 같이 하다 보면 연애관계로 발전하는 경우가 흔히 있다.

그런데 어느 지방을 가나 '무슨 일이 있어도 더치페이'를 주장하는 여성들이 있게 마련이다.

기본적으로 그런 여성들은 노력가 스타일로, 열심히 일하는 자신의 모습을 매우 좋아한다. 그런 여성들 중에는 '남자에게 기대서 얻어먹으려 하는 여자는 한심한 여자!'라고 생각하는 사람도 있다.

남자들 중에는 그런 여성을 '당당하고 귀여운 여성'이라고 생각하는 사람이 있는가 하면, '고집이 센 여성', '남자와의 사이에 벽을 만들고 있는 여성'이라고 단정지어 버리는 사람도 있다.

그렇기 때문에 더치페이를 주장하는 여성과의 연애에 좀처럼 발전이 없다고 한탄하는 남성들이 상당히 많다.

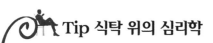
Tip 식탁 위의 심리학

● **좋아하는 남성에게는 나약한 모습을 보이는 것도 일종의 배려이다.**

▶ 열심히 살아가는 자신의 모습을 너무 드러내지 않도록 노력할 필요도 있다.

▶ 남자의 자신감을 조금은 맞춰줄 필요가 있다.

작은 소리로
소곤소곤 말하는 사람

_ 마음속에 켕기는 것이 있기 때문

 큰 목소리로 분명하게 말하는 것은 타인에게 호감을 주는 중요한 요소 중 하나이다. 잡음이나 다른 손님들의 이야기 소리 때문에 상대방 목소리가 들리지 않는 식당에서 작은 목소리로는 대화를 나눌 수가 없다.

 그러나 무슨 일에나 시간과 장소와 경우가 있는 법. 잔잔한 클래식 음악이 흐르는 레스토랑이나 별실만 있는 음식점에서 큰 소리로 얘기하는 것은 자신의 예의 없음을 그대로 드러내는 행동이다.

"이봐, 자네 왜 그렇게 힘이 없어? 어디 몸이라도 안 좋아? 응?"

조그만 목소리로 이야기하는 부하에게 큰 목소리로 이렇게 말하는 상사. 틀림없이 부하는 '몸이 안 좋은 게 아니라, 안 좋은 건 당신이야' 라고 말하고 싶을 것이다.

장소에 관계없이 큰 소리로 이야기하는 사람은 분위기를 읽지 못하는 사람이다. 동시에 자신의 상식이 세상의 상식이라고 착각하고 있는 편협한 사람이거나 상상력이 부족한 사람. 그리고 '남자는 힘이 좋아야!' 라는 단순무식한 사고를 가지고 있는 사람이다.

그런 사람들과는 반대 의미에서 시간과 장소와 경우를 파악하지 못하는 사람도 있다. 커다란 목소리로 이야기해야 할 곳에서도 소곤소곤 비밀을 이야기하듯 속삭이는 사람이다.

좋아하는 이성 앞에서 부끄러워서 여성이 그런다면 귀엽게 봐줄 수도 있지만, 직장에서건, 데이트를 할 때건, 식사중이건 언제나 소곤소곤 알아듣기 어려운 목소리로 이야기하면 짜증이 난다.

언제나 조그만 목소리로 이야기하는 사람은 '사람들이 듣지 않았으면 좋겠다' 고 생각하는 일을 말하는 버릇이 있다. 자랑하고 싶은 것이 있기 때문에 목소리가 큰 것처럼, 반대로 뭔가 켕기는 부분이 있기 때문에 조그만 소리로 이야기하는 것이다. 심리학에서는 그렇게 해석한다.

특별히 다른 사람을 비판하거나 험담을 하는 것이 아닌데도 말이다. 마음속에 감춰 놓은 불만이나 악의, 사람들의 시선을 의식하지 않을 수 없는 무엇인가를 품고 있기 때문에 조그만 목소리로 이야기하는 것이 버릇이 되었다, 그렇게 생각할 수 있다.

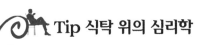

Tip 식탁 위의 심리학

● **식당의 분위기에 따라서 목소리의 크기를 조절할 것.**
▶ 자신이 이야기할 때의 버릇을 객관적으로 관찰해서, 단지 목소리의 크기를 조절하는 것뿐만 아니라 속마음 같은 기본적인 부분을 고칠 것.
▶ 상대방 목소리의 크기나 톤에 맞출 필요도 있다.

남자에게
지나치게
접근하는 여성

_ 모든 여자들의 공공의 적

우리는 자신의 주위에 보이지 않는 세력권을 갖고 있다. 이 것을 사적인 영역이라고 한다.

사람들은 이 세력권이 침범당하는 것을 싫어하는데, 친한 사람, 안심하고 사귈 수 있는 사람, 혹은 사랑하는 사람에 따라서 허용 범위가 달라진다.

연인 사이라면 키스할 정도로 가까운 거리는 즐거운 일이겠지만, 만원 전철 안에서 생판 모르는 사람과 딱 붙어서 가야 한다면 기분이 썩 좋지는 않다.

친구 사이라면 손을 잡을 수 있는 거리가 편안하다. 낯선 사람이 손에 닿는 거리에 있으면 그다지 기분이 좋지 않으며, 험상궂게 생긴 사람은 2~3미터 내에만 있어도 불안을 느낀다. 이처럼 사람과 사람의 거리는 마음의 거리라고도 할 수 있다.

한편 우리에게 신경이 쓰이는 것은 자신과 상대방의 거리뿐만이 아니다. 좋아하는 이성과 타인과의 거리에도 신경이 쓰인다.

당신의 남자친구에게 스스럼없이 접근하는 여성이 있다면, 아무리 친구라 할지라도 용납할 수 없을 것이다.

십여 명의 사람들이 함께 식사를 하게 될 경우가 있다. 식당에 들어서면서부터 자리에 앉게까지 자연스러운 이동을 하게 되는데, 이때 다른 사람의 애인에게 접근하여 그 옆자리에 착 앉는 여성들이 있다. 아무리 친구라고 하지만 마음이 편하질 않다.

연애 감정은 없을지 몰라도 이성 곁에 있고 싶어하는 사람은, 한눈에 알아볼 수 있다. 비즈니스가 아닌 편안한 식사 자리에서는 단번에 들통이 나고 만다.

그리고 '저 사람 그런 사람이다. 조심해야지' 라며 동성들로부터 경계의 대상이 된다. 그 사람에게 악의는 없을지 몰라도 스스럼없이 접근하는 여성은, 남자로 하여금 '내게 마음

이 있다보다' 하고 착각하게 만드는 경우도 있다. 남자친구와
만날 땐 이런 친구는 떼어놓고 가시라.

 Tip 식탁 위의 심리학

- ● **상대방을 위해서도 자신을 위해서도 사적인 영역은 침범하지 말 것.**
- ▶ 나는 '단순한 친구'라고 생각하지만 상대방은 이성으로 의식하는 경우도 있다.
- ▶ 접근하면 상대방은 '내게 호의를 갖고 있다'고 착각하는 경우도 있다.
- ▶ 식사를 할 때는 방심하게 되는 법. 늘 사람들의 시선을 의식하자.

자꾸만 머리를
만지작거리는 여자

_ 이성의 관심을 끌고 싶어하는 심리

 엄마가 안아주고 나면 다음에는 아빠에게 업어 달라고 하고…. 이런 행동은 아이들에게서 흔히 볼 수 있다. 그런 아이일수록 어른이 되어서도 남에게 기대려는 행동이 눈에 띄게 두드러진다.

 이것은 신체접촉 통해서 막연한 불안감을 제거하여 안도감을 느끼려 하는 애착 행동이다.

 어른이 되어서도 불안할 때나 고민거리가 있을 때면 연인이나 부부는 평소보다 더 몸을 가까이해서 불안을 해소하려 한다. 걱정거리가 있을 때도 연인에게 어리광을 부리거나 서로 안거나 하면 커다란 안도감을 얻을 수 있다.

그렇다고 해서 언제나, 아무하고나 끌어안거나 어리광을 부릴 수 있는 것은 아니다.

그렇기 때문에 보상행위로 나타나는 것이 '자기 몸의 일부를 만지는' 자기친밀 행동이다.

메이저리그 투수들 중에도 위기에 부닥치면 자신의 가랑이를 만지는 버릇을 가진 선수가 있다. 이는 불안이나 긴장감을 풀어 보려는 무의식적인 행동이다.

식사를 하거나 술을 마실 때, 끊임없이 자신의 머리를 만지작거리는 여성 역시 타인에게 기대고 싶어하는 마음을 갖고 있는 것이다. 마음속으로는 자신의 마음을 알아주거나, 다정하게 말을 해주거나, 강한 공감을 표시해 주기를 바라고 있다.

이처럼 타인에게 기대려는 행동(자기친밀 행동)은 분명 남성들의 연애감정을 불러일으키는 '무기'가 되기도 한다. 여성의 행동을 알아챈 남성 역시 같은 연애감정을 품게 될지도 모른다.

하지만 그런 여성들의 심리를 알지 못하는 남성의 눈에는, 식사중에 자꾸만 머리를 만지다니 '차분하지 못한 여성', '왠지 불결한 느낌', '음식에 머리카락이 떨어진다', '입맛이 떨

어졌다' 라는 등, 여성으로서는 전혀 예상치 못했던 생각을
갖게 할 수 있다.

상대방 남성에 따라 조심해야 할 듯.

 Tip 식탁 위의 심리학

- ● 식사중에 머리카락을 만지는 것은 불결한 행동으로 보일
  수 있다는 생각을 하자.
- ▶ 외로움이나 불안은 가능한 한 빨리 떨쳐버릴 것.
- ▶ 정신적으로 불안할 때일수록 의지가 되는 사람과 함께 식
  사를 하자.

식사할 때
존댓말만
쓰는 사람

_ '당신과 가까워지고 싶지 않다'

만난 지 얼마 되지도 않았는데 지나칠 정도로 친하게 구는 사람들이 있다.

물론 호의의 표시라고 할 수도 있겠지만 타인에 대한 배려가 느껴지지 않아 오히려 '뻔뻔스럽다', '낯이 두껍다' 는 인상을 준다.

서로가 친숙하게 행동하면 문제될 것은 없겠지만, 특히 업무상 관계된 사람을 처음부터 너무 친숙하게 대하면 '뭐 이런 사람이 다 있어?' 라며 오히려 그 사람의 인격을 의심하게 된다.

처음 알게 된 뒤 한동안 상대방이 어떤 타입의 사람인지를 살펴본다는 의미에서도 '약간 거리를 유지하는 것'이 예의이다.

그러나 여러 번 만나서 상대방은 상당한 호감을 느끼고 있는데도 언제까지고 존댓말을 쓰고, 말도 가려서 하고, 사소한 것까지 조심하며 신경 쓰는 것은 오히려 좋지 않다.

어느 정도 나이 차이가 많이 난다면 높임말을 쓰는 것은 당연하다.

하지만 상대방이 "이거 맛있는데?"라고 말하면 "응, 맛있어!"라는 식으로 감정을 표현하는 말로 대답하는 편이 서로 더 친숙해질 수 있다.

높임말은 상대방과 자신 사이에 '벽을 만드는' 면이 있다. 본인은 의식하지 못 해도, 언제까지고 높임말을 사용하는 등 형식적인 상태를 유지하려는 사람은 상대방과 거리를 두고 싶어하는 심리가 있다.

그렇게 몇 번을 더 만나게 되면 상대방도 '이 사람은 내게 마음을 허락하지 않았다'고 생각하여 조금씩 거리를 두기 시작한다.

상대방을 존중하기 때문이라 할지라도 그처럼 지나친 예의는 결과적으로 사람을 멀어지게 만든다.

별로 만나고 싶지 않은 사람이 자꾸 만나자고 하면, 그때마다 "그러셨습니까?" "저러셨습니까?" 하시라.

Tip 식탁 위의 심리학

● **예의있는 것은 좋다. 하지만 중간 중간 친밀감을 느낄 수 있는 말을 하자.**

▶ 가까이 하고 싶지 않은 사람에게는 언제나 높임말을 써서 빈틈을 주지 말자.

▶ 너무 친숙하게 굴어도, 너무 서먹하게 굴어도 사람은 멀어지는 법. 중요한 것은 적당한 거리감.

'옛날 일'을 정신없이 얘기하는 사람

_ 진취성이 없다는 증거

  연인과 식사를 할 때 "우리 엄마가 말이야…"라며 걸핏하면 가족 얘기를 하는 사람은 정신적으로 자립하지 못한 사람이다. 마마보이일 확률이 매우 높다. 부모님과 사이좋게 지내는 것은 좋은 일이지만, 이런 사람과 결혼하면 부모 역시 자식을 품고 있으려고만 할 것이고, 그 때문에 마음 고생을 할 가능성이 높다.

  "왜, 옛날에 테트리스 게임이 한창 유행한 적이 있었잖아."
  "나, 학교 다닐 때 축구를 했었는데 그때는 마라도나를 좋아했어."

술을 마시거나 함께 식사를 할 때, 틈만 있으면 억지스러울 정도로 옛날이야기를 꺼내는 사람이 있다. 중년 남성들 중에는 자신이 옛날에 했던 일에 대해 이야기하는 사람이 많다. 누군가가 컴퓨터에 대한 이야기를 하면, "내가 20대 때는 지금처럼 컴퓨터는 없었지만 그래도 일은 완벽하게 해냈지…." 라며 억지로 '20년 전 이야기'를 시작한다.

이런 사람은 기회 있을 때마다 했던 얘기를 반복하는 경향이 있다. 왜냐하면 '미래지향적이지 않기 때문'이다.

'지금 즐겁게 이야기할 수 있는 화제가 없다', '호기심도 줄어들었고 진취성도 없다' … 다시 말해 앞으로 나아가려는 진취적인 마음이 없기 때문에 지금 할 이야깃거리가 없다. 그래서 똑같은 옛날이야기를 몇 번이고 되풀이하는 것이다.

"나, 학교 다닐 때 사귀던 남자친구가 구준표 닮았지…."

옛날 애인에 대한 이야기를 되풀이하는 여성도 마찬가지이다. 현재에 대한 이야기를 하지 못하는 사람은 자신의 인생을 반쯤 포기한 사람, 자기계발을 해야겠다는 의욕도, 누군가를 사랑하겠다는 기력도 없는 사람으로 보인다.

과거의 일에만 매달려 있으면 자신도 모르는 사이에 몸도 마음도 외모도 늙어 버리고 만다.

물론 나이 드신 분들이 몇 명 모여서 과거의 일들로 이야기

꽃을 피우는 것은 보기 좋은 일이다. 굉장히 즐거운 시간이 될 것이다. 그러나 한창 사회활동을 하는 사람이 늘 옛날이야기만 즐기는 것은 자신을 늙게 하는 요인이 된다는 점에서 주의해야 한다.

대학생들이 모여서 식사를 할 때도 "내가 초등학교 5학년 때 이런 일이 있었는데, 중학생이 되고 보니…"라며 옛날 일을 열심히 얘기하는 젊은이들이 있다. 그 내용의 대부분은 자랑이나 후회를 하는 것으로, 다른 사람은 건성으로 응응, 하며 듣는 둥 마는 둥 하고 있다.

"봄방학에 인도 여행을 가기 위해 아르바이트를 하고 있어."

이처럼 미래의 일이나 현재진행중인 일에 대해 이야기하는 젊은이가 매력적으로 보이는 것은 당연하다.

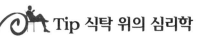

Tip 식탁 위의 심리학

● **옛날이야기는 동창회에서나 퇴직 후에만 하자. 식사할 때는 상대방이 즐거워하는 화제를 올리자.**

▶ 이런저런 잡담을 주고받는 편이 대화는 더 잘 풀리는 법.

▶ 같은 이야기를 몇 번이고 되풀이해서는 안 된다.

▶ '내 이야기' 따로 '상대방의 이야기' 따로 나누지 말고 공통의 화제를 찾자.

• 제3장 •

음식남녀,
그 심리를
분석한다

'일단은…'이라며 주문하는 사람

_ 책임회피형 소심쟁이

음식이나 마실 것을 주문할 때 "일단은 맥주", "일단은 이 정도로…"라며 말을 시작하는 사람이 있다.

'일단은 맥주를 시키지만 그 다음에는 소주나 위스키도 마실 거야.' '좀 더 많이 주문하고 싶지만 우선은 이 정도면 되겠지.' 이 같은 호탕한 기분, 혹은 그런 성격을 갖고 있는 사람이다.

다만, 종업원에게 '일단은…'이라고 말하는 것이 아니라 함께 자리한 사람에게 '일단은, 이거면 되겠지?'라고 확인하는 사람은 상대방의 의향을 살피겠다는 의도를 갖고 있는 것이다. 좋게 말하면 주위 사람이나 동석한 사람에게 신경 써주는 것이지만, 나쁘게 말하면 '일단은'이라고 확인함으로써 상대방의 동의를 얻으려는 소심한 사람이다.

식사를 할 때뿐만 아니라 직장에서도,

"나는 ○○○라고 생각하는데, 어때?"

"우선은 기획서 비슷한 걸 만들어 봤는데요."라며 자신의 의견에 동의를 구한다. 혹은 '그렇게 진지하게 생각한 것은 아니지만…'이라는 뉘앙스를 풍기며 이야기하는 사람도 소심쟁이일 가능성이 높다.

'일단은'이라는 말은 '원래는 다른 쪽이 좋지만… 이것도 상관없겠지'라는 인상을 줄 수 있으니 친한 사이가 아니면 되도록 쓰지 않는 것이 좋다.

'일단은'이라고 말하는 사람에게서는 '아직 멀었어'라는 넘쳐나는 의욕, 상대방의 의향을 살피고 분위기를 적당히 띄우려는 심리를 읽을 수 있다.

Tip 식탁 위의 심리학

● 아주 친한 사이가 아니면 '일단은'이라는 말은 피할 것.

▶ '일단은'을 연발하는 사람은 내심 자신감이 없으며, 그런 말을 실패했을 때의 변명으로 사용하는 경우도 있다.

상대방에게 미리
싫어하는 음식을
물어보는 사람

_ 신중하고 논리적이다

어떤 사람과 처음으로 식사를 할 때 어느 음식점으로 가야 할지 상당히 고민을 하게 된다.

자신은 '이 집 음식 맛있다'고 생각해서 데려갔는데 상대방이 먹지 못하는 음식이라면 상대방을 위한 배려도 전부 헛수고가 되어 버리고 만다.

따라서 "싫어하는 건 없어?", "일식, 이태리, 프랑스 식당 중에서 어떤 게 좋아?"라고 미리 묻게 되는 경우가 많은데, 묻는 방법과 대답하는 방법으로 그 사람의 성격을 알 수 있다.

"이 음식점 맛이 괜찮은데, 생선회 좋아해?"

이처럼 구체적인 식당을 염두에 두고 취향을 묻는 사람은 다른 사람과 식사를 하는 데 익숙하다는 느낌을 준다. 만약 "죄송해요, 생선회는 별로…"라고 대답하면 "그럼 고기는 어때요? 근사한 고깃집을 알고 있는데…"라며 바로 다른 제안을 한다. 이런 성격은, 직감이나 순간적인 생각을 중시하는 행동파이다.

반대로 "못 먹는 음식 있어?"라고 먼저 물은 다음, "그럼 어떤 식당이 좋을까…"라고 생각하는 사람은 꼼꼼히 생각해 가며 일을 처리하는 신중하고 논리적인 사람이다. 다른 사람과 함께 식사를 하는 데 익숙하지 않고, 스스로 맛있는 음식점을 찾아서 돌아다니지 않는 타입이다.

이번에는 입장을 바꿔서, 취향에 대한 질문에 답하는 경우를 생각해 보자.

상대방이 "못 먹는 음식 있어?"라고 묻기 전에 "전 고기는 못 먹습니다."라고 말하는 사람은 먹을 것에 대해서뿐만 아니라 자신의 취향이나 의견도 분명하게 주장하는 타입이다. 똑같이 '무엇이든 분명하게 말하는 타입'이라 할지라도 '저 녀석은 혼자만 튀는군'이라는 인상을 주느냐, '자신의 분명한 의견을 갖고 있다'라고 여겨지느냐는 말투나 태도에 따라서 달라진다.

반대로 상대방이 물어도 "죄송합니다. 생선회만은 좀…"이라며 미안하다는 듯 대답하는 사람은 상대방에게 신경 쓰이게 해서 부담스럽다는 증거이다.

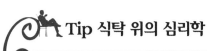

Tip 식탁 위의 심리학

● 처음 함께 식사를 할 때는 상대방의 취향을 생각해서 식당을 선택하자.

▶ 극단적으로 싫어하는 음식이 있는 사람은 상대방에게 미리 귀띔을 해주는 것이 매너.

'이렇게 맛있는 걸 왜 못 먹어?' 강요하는 사람

_ 불필요한 과잉 친절

식사 자리에서는 주로 음식 얘기를 화제로 삼게 되는데 '좋아하는 음식이 무엇인가' 하는 취향으로까지 얘기가 발전하는 경우가 많다.

자신이 좋아하는 음식, 재료에 대해서 "맞아, 그거 맛있지. 나도 좋아해."라고 상대방이 긍정적으로 받아주면 기분도 좋고 대화도 원만하게 풀어 나갈 수 있다. 어쩌면 '싫어하는 것'에 대해서도 의견이 일치해 "어, 너도 싫어해? 나도 싫어해. 우리끼리 얘기지만 그걸 맛있다고 하는 사람들을 이해할 수가 없다니까."라며 얘기가 무르익을지도 모른다. 좋아하는 사람들보다 싫어하는 사람들의 수가 더 적고, 약간은 그런 습관이 좋지 않다는 생각도 갖고 있던 터라 더욱 공감하게 된다.

가장 좋지 못한 태도는 상대방에게 '싫어하는 것'을 물어 놓고,

"싫어하다니, 왜? 그렇게 맛있는 걸. 그래, 내가 잘하는 집을 아는데 다음에 같이 가자. 그 집 음식은 틀림없이 먹을 수 있을 거야."

라며 필요 이상으로 얘기를 진전시키는 사람이다.

이렇게 말하는 사람은 '그렇게 맛있는 것을 못 먹다니 안 됐다'며 지나치게 진지하게 받아들여서 상대방을 위해 '좋은 식당을 소개하겠다'고 말하는 것이지만 그 말을 들은 사람은 당혹스러울 뿐이다.

예전에 몇 번이고 시도해 봤지만 '이건 내 입에 맞지 않는 다'고 이미 확인한 뒤여서, 이제 와서 그것을 먹고 싶다는 생각은 전혀 들지 않는다.

그런 사람에게 '함께 가자'고 하는 것은 상대방의 입장을 배려하지 않고 일방적으로 베푸는 친절, 필요 없는 참견이 다. 너무 끈질기게 권하면 상대방이 기분 나쁜 소리를 해도 할 말이 없다.

어린아이처럼 먹어보지도 않고 싫어하는 것이라면 모르겠지만, 상대는 자신을 관리할 줄 아는 성인이다. 싫어하는 음식을 들어도 "어, 그래?"라며 가볍게 흘려버리는 것이 예의이다.

 **Tip 식탁 위의 심리학**

● 상대방이 좋아하는 음식이나 싫어하는 음식에 '왜?'라며 과민반응을 보이는 것은 어린아이 같은 사람. 상대방의 취향을 받아들이자.

▶ 사람에 따라서는 건강상의 이유나 체질 때문에 못 먹는 음식이 있다. 취향에 대한 얘기는 상대방을 아는 중요한 정보가 되지만 그다지 친하지 않은 사람과는 적당히 할 것.

자신의
'취미 이야기'에
열중하는 남자

_ 자존심이 강하다

　맛있는 음식에다 적당한 술까지 더해져 편안한 분위기에서 대화를 나눌 수 있는 것도 식사 자리의 특징이다. 편안한 분위기에서는 상대방이 흥미를 가진 화제가 대화 주제가 되거나 본심이 드러나기 때문에 상대방의 관심사나 성격을 읽을 수 있다.

　"어제 뉴스에서 봤는데…."

　"요즘 화제가 되고 있는 그거 말이야…."

　이렇게 시사문제나 유행에 관한 얘기를 꺼내는 사람은 사회에 대한 호기심이 왕성하고 새로운 것을 좋아하는 타입이다. 정보나 지식을 남보다 먼저 받아들여 그것을 다른 사람에게 전해주는 일에서 기쁨을 느끼는 경향이 있다. "어, 그래? 너는 모르는 게 없네."라며 그 사람의 지식을 칭찬해주면 매우 기뻐한다.

자신의 취미나 특기에 대해서 열을 올려가며 이야기하는 사람. 누가 들어도 '나 굉장하지 않아?' 라고 들릴 정도로 자랑스럽게 이야기하는 사람은 자기과시욕이 강하고 '상대방에게 칭찬받고 싶다' 는 욕구도 강한 어린아이 같은 성격이다. 가정에서도 부모님에게 칭찬을 받고 부추김을 받으며 자랐을 것이다.

자랑할 생각은 없지만 자신도 모르는 사이에 화제가 그쪽으로 옮아가 버리는 사람은 자신의 세계에 몰두하는 예술가 타입. 자랑하고 싶어하는 사람들처럼 자존심은 강하지만, 남들에게 인정을 받음으로써 만족을 얻는 것이 아니라 자신이 납득하지 못하면 만족하지 못하는 완벽주의 성향이 있다. 단 기본적으로 자기 자신을 매우 좋아하는 성격이기 때문에 상대방에 대한 서비스 정신, 배려심이 부족한 면도 있다.

식사 때 어떤 것을 화제로 삼느냐로도 성격을 알 수 있다.

▶ 시사문제, 유행에 대한 이야기를 꺼낸다 → 호기심, 타인에 대한 서비

스 정신이 왕성.

▶자신의 취미를 이야기하고 싶어한다 → 자기 자신에 대한 자신감, 자
존심이 높다.

Tip 식탁 위의 심리학

● **취미에 대한 이야기를 할 때는 혼자 신나서 이야기하는
일이 없도록 신경을 쓴다.**

▶ 상대방의 반응을 잘 살필 것. 상대방이 흥미를 느끼고 있
으며 이야기에 관심을 갖고 있다면 이야기를 계속해도 상
관없지만 그다지 반응이 좋지 않으면 "당신은 요즘 어떤
일에 관심을 갖고 있어요?"라는 식으로 상대방의 이야기
를 유도한다.

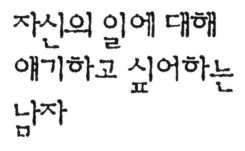

자신의 일에 대해 애기하고 싶어하는 남자

_ 일이 인생의 전부인 워커홀릭

편안한 상태에서 사적인 대화를 나누기 좋은 식사 자리인데도 일에 대해 애기하고 싶어하는 사람들이 있다. 함께 자리한 사람들이 직장 동료나 상사, 부하들이라면 자연스레 회사에 관해 애기하는 것은 이해할 수 있다. 하지만 상사가 부하에게 쉴새없이 업무에 관한 애기만 하는 것은 짜증나는 일이다. 편안한 분위기에서 식사를 즐기고 싶다면 일에 대한 이야기는 적당한 선에서 멈추어야 한다.

식사 자리에서 일에 대해 말하고 싶어하는 사람은 다음 중

하나에 속하는 타입이다.

타입 1_ 타인과의 대화에서 화제로 삼을 만한 취미도 없고 흥미를 느끼는 일도 없다.

본인은 상대방을 위해서 '뭔가 이야기를 해주어야 된다'고 생각하고 있지만 특별히 화젯거리가 없기 때문에 일에 대한 이야기를 하는 것이다. 이런 사람들은 좋아서 일에 대한 이야기를 하는 것이 아니기 때문에 상대방이 적당한 화젯거리를 제공하면 편안하게 대화를 나눌 수 있다. 기본적으로 이야기하기를 좋아하는 성격이 아니어서 가만히 듣는 것만으로 편안해 하는 타입이다.

타입 2_ 일이 인생의 보람이자, 최대의 관심사인 사람.

첫 번째 타입과는 정반대로 스스로 일에 대한 이야기를 하고 싶어하는 사람이다. 자신의 일에 대해서 자신감도 있고 자긍심도 높기 때문에 "프로페셔널이란…" 하면서 전문가처럼 이야기를 하고 싶어하는 것이다.

듣는 사람은, 때로 잔소리를 듣는 것 같은 기분이 들어서 식사를 즐길 수가 없다. 하지만 상대가 상사인 경우에는 무턱대고 이야기를 끊거나 "이제 일에 대한 이야기는 그만 합시다."라고 말할 수도 없다. 그럴 때는 "부장님, 이 음식 아주 맛있습니다", "이 집, 분위기 좋은데요. 과연 좋은 데를 많이 알고 계시네요."라는 식으로 앞에 놓인 음식이나 식당 분위기에 대한 이야기로 자연스레 화제를 돌리면 상대방의 기분을 상하게 하지 않으면서 분위기를 바꿀 수 있다.

 Tip 식탁 위의 심리학

● 식사중에 부하에게 일에 대해 얘기하는 것은 기본적으로 따분한 일이라는 걸 알아두자.

▶ 일에 대해 이야기할 때는 상대방을 칭찬하여 기분이 좋아지는 내용으로.

가족에 관한
이야기를
들려주는 사람

_ '내 마음을 알아 주세요'

　식사중의 이야기 내용으로 그 사람의 성격이나 당신에 대해
어떤 감정을 갖고 있는지를 알 수 있다.

　"태어난 곳은 도쿄지만 아버지의 일 때문에 자주 이사를
해서…."

　"형하고 누나가 있는데 형은 지금 일 때문에 미국에 가 있
고…."

　이렇게 자신의 어린 시절에 관한 이야기나 가족에 관해 이
야기하는 것은 '자신을 더 알아주었으면' 하는 바람을 가지

고 있기 때문이다. 이런 사람은 솔직하고 털털한 성격, 사람과 잘 사귀는 성격이다. 아니면 당신에게 그만큼 마음을 열고 있다는 증거이다.

다만 "내가 어렸을 때 회사를 경영하던 아버지가 사업에서 실패해서…"라는 등, 식사 자리에 어울리지 않는 우울한 이야기를 하는 사람은 요주의 인물이다. 동정심을 자극해서 당신의 마음을 얻으려는 것이라면 그나마 귀여운 편이지만, 어떤 목적을 숨기고 있을지도 모를 일이다.

가족에 관한 이야기나 옛날 일에 대해서, 또 사생활과 깊이 관련된 이야기는, 어느 정도 마음을 터놓고 지내는 사람이 아니면 서로 이야기하지 않는 법이다.

반대로 다른 사람에게는 말하지 못할 개인적인 이야기를 털어놓음으로써 두 사람 사이가 급속하게 가까워지는 경우도 있다.

속마음을 터놓고 이야기하면 듣는 사람도 역시 속내를 털어놓게 하는 심리효과가 있다. '상대방이 저 정도로 사생활에 관한 이야기를 했으니, 나도 거기에 부응해야 한다'는 균형 감각이 작용하기 때문이다. 심리학에서는 이것을 '자기개시의 법칙'이라고 부른다.

함께 술을 마시는 등 편안한 정신 상태가 되면 자기개시는 한층 더 쉽게 일어난다.

좋아하는 이성과 함께 식사를 하거나 둘이서 술을 마시면 관계가 깊어지는 것은 이 법칙의 심리효과가 작용하기 때문이다.

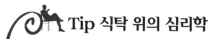

Tip 식탁 위의 심리학

● 두 사람의 관계나 분위기에 어울리지 않을 정도로 사생활에 깊이 관련된 이야기에는 주의를 기울일 것.

▶ 가족에 관한 이야기나 과거사 등 사생활에 관한 이야기를 하는 것은 상대에게 마음을 열었다는 증거.

식사중에
고민거리를
털어놓는 사람

_ 당신에게 기대고 싶기 때문

　속내를 털어놓는 이야기 중에서도 과거에 실패했던 경험이나 고민거리는 가장 깊은 사생활에 속한다.

　여성들 중에는 거리낌없이 친구에게 고민거리를 밝히고, 듣는 사람도 그다지 심각하게 생각지 않아 마치 잡담처럼 가볍게 들어주는 사람들도 많다.

　그러나 남성들 중에는 친한 친구에게조차도 고민거리를 털어놓거나 실수담을 이야기하는 사람은 흔치 않다.

　오히려 이성인 여성에게 더 쉽게 털어놓을 수 있다고 말하는 남자들이 많다.

고민거리나 실수를 밝힌다는 것은 자신의 약점을 드러내 보이는 일이다.

그렇게까지 하는 남성은 그 여성에게 상당히 마음을 열었으며, 그 여성을 마음에 두고 있다는 증거이다. 하지만 한편으로는 연인도 아닌 여성에게까지 약점을 보일 정도로 의존심이 강한 성격이라고도 할 수 있다.

다만 경우에 따라 상대방을 위로하기 위해서 일부러 자신의 실수나 고민을 이야기할 수도 있다. 예를 들어 실수를 저지른 부하를 위로하기 위해서 상사가 이런 식으로 이야기하기도 한다.

"나도 옛날에 자네 같은 실수를 한 적이 있었지… 누구나 한 번쯤 거쳐야 할 과정이니 너무 기죽을 필요 없어."

이런 타입의 상사는 '실수는 부끄러운 것', '고민하는 것은 한심한 일'이라고 생각하는 것이 아니라 '실수했기 때문에 지금이 있다', '사람은 고민하며 발전하는 것이다'라고 긍정적으로 생각하는 사람이다. 이런 사람들의 실수나 고민거리에 대한 이야기는 듣는 사람으로 하여금 '나도 열심히 하자'라는 마음을 품게 한다.

데이트 중에 식사를 하면서 실수나 고민에 대해서 이야기하는 것은 '당신에게 의지하고 싶다, 기대고 싶다'라는 심리이다. 혹은 타인에 대한 의존심이 강해서 '쉽게 의지하는 성격'일 수도 있다.

오판하지 않도록 잘 살펴볼 것.

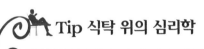

Tip 식탁 위의 심리학

- ● 식사 자리에서 실수나 고민에 대해서 이야기할 때는 분위기가 무거워지지 않도록 신경을 쓰자.
- ▶ 남성들이 자주 상담을 해오는 여성은 엄마처럼 기대고 싶은 타입, 든든한 누나 같은 타입.

모두가 좋아하는
무난한 음식을
시키는 사람

_ 협조를 중요시하고 균형감각이 있다

각자가 1인분씩 자기 먹을 것을 주문하는 음식점이 아니라 한 가지 음식을 여럿이서 함께 먹는 술집이나 이탈리안 레스토랑에서는, 주문하는 형태에 따라 그 사람의 성격을 알 수 있다.

"뭐가 먹고 싶어? 이게 추천 요리라는데 괜찮지 않을까?"

이런 식으로 하나하나 상대방에게 의견을 물어가며 결정하는 사람. 결과적으로는 '상대방이 좋아하고, 자신도 먹을 수 있고, 식당 사람들도 추천'하는 무난한 음식을 시킬 수 있다.

처음 식사를 할 때는 이런 식으로 주문하는 경우가 가장 많을 것이다. 협조를 중히 여기고 뛰어난 균형 감각을 지닌 성격이다.

"나는 이거하고 이거하고 이게 좋아. 너는 어떤 게 좋아?"

자신이 좋아하는 음식을 고른 다음, 상대방에게도 좋아하는 것을 고르라고 하는 주문 방법. 언뜻 보기에 '나는 나, 너는 너'라는 쿨한 성격으로 보이지만, 자신이 고른 것도 상대방이 먹기를 바라고, 상대방이 고른 것도 먹고 싶어서라면 '서로 좋아하는 것을 골라서 나눠 먹으면 된다'는 합리적인 생각을 가지고 있는 사람이다. 이런 사람은 교제를 할 때도 필요 이상으로 정이나 관계 등에 연연하지 않는 담백한 성격이라고 할 수 있다.

"이 가게는 잘 알고 있으니 주문은 내게 맡겨."

이렇게 말하며 자기 혼자서 척척 결정해 나가는 사람. 그렇게 자신있게 말할 정도이니 주문한 음식은 균형 잡힌, 최선의 선택이 될 것이다. 이런 사람은 상대방에게서 "이거 정말 맛있는데?"라는 한마디를 기대하고 있다. 서비스 정신이 강해 상대방이 기뻐하면 본인도 기뻐하는 타입이다.

단 '전채요리가 이거니까 메인은 이거'라고 한 번 결정해 버리면 다른 음식은 눈에 들어오지도 않는 고집스러운 성격, 융통성이 없는 면도 있다.

음식을 결정하는 방법으로 알 수 있는 성격.

▶음식을 함께 결정하려는 사람은 협조와 균형을 중시하는 성격.

▶자신에게 맡기라고 하는 사람은 서비스 정신이 강한 성격이
지만 고집스러운 일면도.

자리에서
일어서려는데
'한 잔만 더…'

_ 외롭고 어린아이 같은 사람

술자리가 슬슬 끝날 때가 됐는데도 '한 잔만 더…', '아직 괜찮지 않아?' 라며 좀처럼 자리에서 일어날 줄 모르는 사람이 있다.

술을 좋아해서 끝까지 마시는 성격이라기보다는 즐거운 시간을 조금이라도 더 맛보고 싶다는 현실 도피적인 기분에서 나온 말이다. 사람들과 함께 있는 것을 좋아하는 성격으로, 혼자보다는 여럿이서 떠들썩하게 보내는 시간을 매우 좋아하는 경우가 많다. 어렸을 때 친구들과 함께 놀 때도 누군가가 "시간이 벌써 이렇게 됐네, 집에 갈래."라고 말하면 "아직 괜찮잖아, 5분만 더."라며 친구를 붙들지는 않았는지? 그런 의미에서는, 외로움을 잘 타고 약간 어린아이 같은 성격을 가진 사람이라고 할 수 있다.

술자리에서뿐만 아니라, 일해야 한다고 생각하면서도 텔레비전이나 게임에 열중하며 '딱 5분만 더…' 라고 스스로 변명을 해가며 언제까지고 계속하는 사람은 눈앞의 쾌락에 약한 성격이다.

스스로 '나중에 열심히 하면 되잖아', '오늘 못까지 내일 하면 돼' 라는 변명을 받아들이며, 좋게 말해 낙관적인 성격, 나쁘게 말하면 계획성 없이 어영부영 시간을 보내는 타입이다.

'다이어트 하자', '아침에 30분 더 일찍 일어나자' 라는 등의 목표를 세워 놓고도 작심삼일로 끝나 버리는 이유는 앞으로 얻을 대가(다이어트에 성공하거나, 일찍 일어나서 여유를 얻는 등)보다 지금의 고통에서 벗어나는 것을 더 우선시하기 때문이다.

자기계발 책에서 흔히 말하는 것처럼 그것을 극복하기 위해서는 '이 고통스러운 순간을 넘기면 이런 멋진 결과를 얻을 수 있다' 고 생각될 정도로, 강한 성공 이미지나 '지금 이 고통을 회피하면 후에 더 큰 고통을 맛보게 된다' 는 실패에 대한 공포심을 자신에게 심어 줄 필요가 있다.

자리에서 일어날 줄 모르고 '한 잔 더'라고 말하는 사람의 심리와 성격은 다음과 같다.

▶끝내야 함에도 불구하고 조금이라도 더 연장하고 싶다는 현실 도피적인 기분.

▶사람들과 헤어져 혼자 있기를 싫어하는, 외로움을 잘 타고 어린아이 같은 성격.

'남자인 내가 더 내겠다'고 말하는 사람

_ 허영심이 강하다

돈이 얽히면 그 사람의 본성을 알 수 있다고들 한다. 식사가 끝난 뒤 계산을 할 때도 그 사람의 자존심이나 성격을 엿볼 수 있다. 누가 낼지, 더치페이로 할지는 그 자리에 모인 사람, 입장에 따라서도 달라지는 법이다. 여러 가지 상황에 대해 생각해본다.

회사 사람들끼리 마시러 간 경우.

자리한 사람들이 전부 평사원임에도 불구하고 "내가 2년 선배니까 돈을 더 내겠다."고 말하며 다른 사람보다 돈을 더 내는 사람은 '1년 차이는 하늘과 땅 차이'라며 선후배의 서열을 매우 중요하게 여기는 사람이다. 어려움을 겪고 있는 후배를 돕는 데 힘을 아끼지 않지만 예의를 모르는 후배에 대해서는 엄격한 태도를 취하며 아무리 일을 잘해도 인정하지 않는 완고한 면이 있다.

선후배 관계보다 '나는 남자니까 내가 더 내겠다'고 말하는 사람은 허영심이 강한 성격이다. 그렇게 함으로써 본인은 상대방을 배려한 것이라고 생각할지 모르겠지만 시간과 장소와 경우에 따라서는 여성 사원들로부터 "남자, 여자 따지는 태도가 마음에 안 들어."라고 여겨지는 경우도 있어 의외로 평판은 좋지 않다.

계산서가 오자마자 "한 사람이 1만 4천 원씩 내면 되겠네."라며 가장 먼저 말을 꺼내는 사람은 일을 주도하고 싶어하는 성격이다.

단, 앞장서서 모든 사람들이 납득할 만한 의견을 내는 타입이 아니라 자잘한 일들을 챙기는 타입으로, 모임의 총무 등을 맡겨도 귀찮아하지 않을 사람이다.

계산할 때의 한 마디로 알 수 있는 성격.
▶ '선배니까 내가 내겠다'고 말하는 사람은 나이나 서열에 집착하는 성격.

▶ '남자니까 내가 더 내겠다'고 말하는 사람은 페미니스트라기보다는 허영심이 강한 성격.

▶ '한 사람이 얼마씩' 이라고 가장 먼저 말을 꺼내는 사람은 일을 주도하려는 성격.

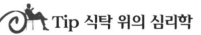 **Tip 식탁 위의 심리학**

● 선배(상사)가 혼자밖에 없을 경우에는 "내가 5만 원 낼 테니, 나머지는 알아서들 해."라고 먼저 말하는 것이 세련된 방법.

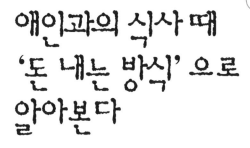

애인과의 식사 때
'돈 내는 방식'으로
알아본다

_ 세련된 남자인가, 인색한 남자인가

친구들과 여럿이 술 마시러 갔을 때보다 남녀 단둘이서 갔을 때 어떻게 돈을 내야 하는지 고민스러운 경우가 더 많다.

첫 데이트에서 식사를 하러 갔을 때는 남성이 내는 경우가 많은데, 그럴 때 어떤 식으로 말을 꺼내는지.

"오늘은 내가 먹자고 했으니, 내가 낼게요."라고 말하는 남성은 자연스럽게 자신이 낼 줄 아는 사람이다. 남자에게 부담주는 것을 싫어하는 여성이라도 순순히 "그럼 오늘은 그렇게 하죠."라고 말하기 쉽다.

그런데 '오늘은 처음이니까 내가 낼게'라고 말하는 경우가 있다. 이 표현은 듣기에 따라서 약간 미묘하다. '그럼 다음부터는 각자 내잔 말인가?'라고 생각해야 할지, '그럼 다음에는 나더러 내라는 건가?'라고 받아들일지 아리송하다. 서로가 이미 연인관계라면 상관없겠지만, 이제 밥 한번 같이 먹었을 뿐, 다음부터는 어떻게 될지 모를 단계에 있다면 그다지 권하고 싶지 않은 말이다.

남성의 입장에서 처음부터 자신이 낼 생각이었다면 식사가 끝난 뒤 여성이 화장실 등에 가기 위해 잠깐 자리를 비웠을 때 계산을 마치는 것이 세련된 방법이다. 여성도 '남자 쪽에서 내겠지'라고 생각했더라도 돈 내는 모습을 직접 보게 되면 미안한 생각이 드는 법이다.

나중에 "계산은?"이라고 물어오면, "응, 여기는 처음부터 내가 내려고 했어."라고 가볍게 답하는 것이 중요하다. '내가 전부 냈어'라는 자랑스런 태도를 취하면 앞의 세련된 행동이 전부 물거품이 되어버리고 만다.

여성과 함께 한 자리에서 계산할 때의 한마디로 남성의 세련미를 알 수 있다.

▶보란 듯이 '내가 전부 내겠다'는 태도를 취하는 남성일수록
　사실은 인색하다.

▶ '내가 오자고 했으니', '이번에는 내가 오고 싶은 가게에 왔으니' 등 상대방이 부담을 느끼지 않도록 한마디 덧붙일 줄 아는 남성은 배려심 깊은 사람.

▶ 자리를 비웠을 때 계산을 마치는 남성은 그런 상황에 익숙한 사람.

남자가 계산했을 때 여성의 매너는?

_ 웃는 얼굴로 '잘 먹었습니다'

　앞에서와는 반대로 남성이 계산했을 때의 여성의 반응을 분석해본다.

　남자 상사나 선배가 "내가 낼게."라고 말하면 "아니에요. 같이 내요."라며 완강하게 거절하는 여성이 있다.

　애인이라면 몰라도, 회사의 상사라고는 하지만 사적인 자리에서 얻어먹을 이유가 없다고 생각하는 것이다. 그래도 너무 완강하게 거절하면 '내게 신세 지기 싫다는 말인가? 내가 그렇게도 싫은가?' 라는 느낌을 준다. 이처럼 '벽을 만드는 듯한 태도'를 달갑지 않게 생각하는 남성도 있다.

'나도 내겠다'는 말을 상대가 사양했다면 곧 "고맙습니다. 잘 먹었습니다."라고 받아들이고 감사의 인사를 하는 것이 상대방의 기분을 상하지 않게 하는 배려이다.

그렇다고 해서 '상사니까 내는 것이 당연하다'는 듯한 표정이나 태도를 취하면 '예의를 모르는 뻔뻔스러운 여자'라는 인상을 주게 된다. 그리고 "죄송해요. 돈을 너무 많이 쓰셔서…"라고 거듭 말하는 것도, 상대방을 무시하는 듯한 말로 들릴 수 있으니 조심해야 한다.

권하고 싶은 방법은, 상사나 선배가 계산을 했을 때는 상대방에게 "잘 먹었습니다."라고 인사한 뒤, 다음날 만났을 때 다시 한 번 "어제는 잘 먹었습니다."라고 한마디 한다. 날이 지난 후에 인사하면 상대방에게도 그 마음이 전달된다.

데이트를 할 때도 '이 사람과는 더 이상 식사를 하고 싶지 않다. 신세를 지고 싶지 않다'는 경우 이외에는 상대방의 호의를 받아들여 "고마워요. 잘 먹었어요."라고 남자의 체면을 세워주는 것이 좋다.

상대방이 자신과 같은 또래로, 부담을 주고 싶지 않을 때는 "그럼, 다음에는 같이 내자."라고 한마디 덧붙이면 '매번 내가 내지 않아도 된다'는 생각이 들어 상대방도 마음이 편안해질 것이다.

데이트 상대의 호감도를 확인하는 방법

_ 헤어질 때의 한마디

식사도 끝났고 술도 마셨고, 시간이 늦어 이제는 데이트를 마치고 헤어져야 할 시간. 평소 '데이트 때는 헤어질 때의 한마디가 매우 중요하다' 는 사실을 기회 있을 때마다 주장해 왔다. 그 이유는 마지막 한마디로 관계가 그대로 끝나느냐 다음 데이트로 이어지느냐가 결정되기 때문이다.

그렇다면 헤어질 때의 한마디가 데이트 상대에게 어떤 인상을 줄까?

'안녕히 가세요', '잘 먹었습니다' 와 같은 평범한 한마디로 끝난다면, 역시 평범한 인상을 줄 뿐이다.

"다음에 또 만나요(사귑시다)."

 이런 식으로 다음을 기약한 말이 들어 있다면 조금은 가능성이 있다. 단, 상대방은 습관적으로 그렇게 인사한 것일지도 모르니 지나치게 기대를 거는 것은 금물.

 하지만 그 말에 이어서,

"다음에 영화에 대해서 진지하게 다시 얘기해 봐요."

"다음에는 오늘 말했던 그 식당에 가기로 해요." 라는 식으로 데이트 중에 했던 말에 대해서 언급하거나 구체적인 장소를 이야기한다면 가능성은 훨씬 더 높다. 상대방은 그날의 대화 내용에 신경을 썼고, 마지막에 일부러 그것을 언급한 것이다.

 설령 그 자리에서는 그대로 헤어졌다 할지라도 귀가 후, '오늘 고마웠어요. 정말 즐거웠어요' 라는 문자메시지를 보내며 덧붙여 '다음에는 아까 말했던 이탈리안 레스토랑에 가요' 라고 자연스럽게 다음을 약속할 수도 있다.

 한 남자가 좋아하는 여성과 데이트를 했을 때의 일이다. 그녀의 제안으로 잡지에도 소개된 맛집에 갔다고 한다. 식사중에는 '맛있다' 고 하기에 마음을 놓고 있었는데 헤어질 때 그여성이, "잘 먹었어. 그런데 그 집, 소문만큼 맛있지는 않았어. 이젠 그 잡지도 못 믿겠어."라고 말했다.

그 여성은 출판사에 근무하고 있었기에 자신도 모르게 '잡지에 대한 비평'을 하게 된 것이다. 그 한마디 때문에 남성은 두 번 다시 그 여성과 데이트를 하지 않았다고 한다.

데이트 후 헤어질 때의 한마디로 알 수 있는 자신에 대한 인상·호감도는?

▶ '다음에 또 식사해요'라며 다음번을 의도하는 말이 있으면 가능성 있음.

▶ '다음에 ○○에 대해서 또 이야기해요', '당신 얘기를 좀 더 듣고 싶어요'라며 데이트 중에 나눴던 내용에 대해서 이야기한다면 호감도는 매우 높은 편이라고 생각해도 좋다.

· 제4장 ·

밥 먹으면서
이 사람은
무슨 생각을 하지?

소문난 맛집을 찾아다닌다

_ 집착이 강한 사람

　지난 몇 년 동안 라면의 인기가 계속되고 있어, 독특한 맛을 추구한 라면집이 늘고 있다. 그에 비례해서 맛있는 라면을 찾아다니며 먹는 미식가도 늘어나고 있다. 그 중에는 취미의 영역을 넘어서 전국의 라면집을 전부 찾아가는 것을 삶의 보람으로 삼고, 자신이 찾은 가게의 사진과 정보를 블로그에 연재할 정도의 '라면 마니아'도 있다고 한다.

　원래부터 라면을 좋아했기에 마니아라 불리는 수준에까지 오른 것이겠지만 자신이 먹어본 가게에 대한 기록까지 남기는 것을 보면, 우표 수집처럼 한 가지 것에 빠지면 좀처럼 헤어나오지 못하는 집착이 강한 성질도 많이 작용하고 있는 듯하다.

전국 각지의 라면집을 돌아다녀야 하니 실천력이 강한 사람이라고 할 수 있다. 따라서 꾸준히 정보를 수집하는 것을 귀찮아하지 않는 타입이기도 하다.

그리고 블로그에 자신이 찍은 사진이나 기사를 싣는 사람에게서는 다른 수집가나 마니아들처럼 자신이 모은 것(정보)을 남들이 봐줬으면 좋겠다는 과시욕도 엿볼 수 있다.

그런 사람이기에 '라면에 대해서 모르는 게 없네', '라면집을 그렇게나 많이 돌아다녔다니, 정말 대단해'라는 등 다른 사람들로부터 인정을 받으면 큰 기쁨을 느낀다.

전국의 라면집을 찾아 돌아다니는 등, 한 가지에 집중하는 마니아의 성격은 우선 한 가지 일에 빠지면 쉽게 헤어나지 못하는 집착이 강한 성격으로, 꾸준히 정보를 수집하는 꼼꼼한 면도 가지고 있다.

그리고 자신의 블로그 등에 사진과 기사를 싣는 사람은 주위 사람들에게도 평가를 받고 싶다는 자기 과시욕이 강한 사람이라고 봐도 틀림없다.

다만, 앞에서도 말했듯이 라면 사진을 찍기 위해 북적거리는 가게에서 조명이 어떻다는 둥, 각도가 어떻다는 둥…, 하다 보면 라면의 맛이 떨어져 버리고 만다. 그래서야 좋은 기사를 쓸 수 있을까?

어떤 마니아는, 김이 나는 동안에는 라면의 사진을 찍을 수 없다고도 했다. 식어버린 라면, 불어터진 라면의 맛은 과연 어떤 것일까?

줄을 서서라도
먹는다? 돌아간다?

_ 행동파 vs 자존심파

같은 마니아라 하더라도 특정 메뉴만을 고집하지 않고 유명한 맛집이 있다는 소리를 들으면 어디든 찾아가는 미식가가 있다. 이런 사람은 우선 건강하다.

인간의 본능적인 욕구 중 하나인 식욕을 만족시키기 위해 노력을 아끼지 않는 사람은 삶에 대해서도 긍정적이다. 인생을 즐기겠다는 의욕으로 가득하다. 먹는 것에 대해서뿐만 아니라 여러 가지 취미를 가지고 있으며, 시간을 헛되이 보내는 것을 용납하지 못하는 행동파로 열정적인 사람이 많다.

다만, 텔레비전이나 잡지, 인터넷에서 넘쳐나는 맛집에 대한 소개나 그런 정보에 의존하는 사람과, 자신이 직접 돌아다니며 자신의 취향에 맞는 집을 찾아내는 사람과는 약간 타입이 다르다.

미디어의 정보를 믿고 줄을 서서라도 먹고 싶어하는 사람은 '여러 사람들이 맛있다고 생각하니 틀림없이 맛있을 것이다'라는 의식을 가지고 있다. 사회 대다수의 의식을 믿으며, 자신도 그 감각에 맞는다고 믿고 있는 것이다. 다시 말해 자신의 감각은 매우 평범하고 일반적인 것으로 인식한다.

미디어의 정보에 쉽게 영향을 받는 사람은 '상식', '일반'이라는 말에 약하며, 한편으로는 권위주의적인 경향도 엿볼 수 있다. 미디어란 우리가 알기 전에 '누군가'의 느낌이 개입된다. 개인의 성향에 따라서 취향이 나뉘는 식문화라는 분야에서도 미디어 정보를 그대로 믿고 '그러니까 맛있다'라고 생각해 버린다는 것은, 주위의 의견에 쉽게 휘둘리는 성향이 있다는 증거이다.

한편 미디어의 정보보다 자신의 혀나 눈을 믿는 사람은 '좋은 것은 좋은 것'이라는 자신의 가치판단, 감정 능력에 확신을 갖고 있는 사람으로, 자신의 힘으로 얻은 '1차 정보'를 믿는다. 따라서 미디어를 통해서 유명해진 식당으로 달려가는 것은 오히려 자신의 자존심에 반하는 행위라 생각하여 달가

워하지 않는 사람이 많다.

 잡지에서 얻은 정보든 친구가 가르쳐준 곳이든, 정보의 출처와는 상관없이 맛집이 있다는 소리를 들으면 일단 가보는 사람은 어쨌든 맛있는 것을 먹고 싶다는 사람이다. 미식가라기보다는 무엇이든 잘 먹는 사람이다. 성격도 직선적이고 단순한 사고방식을 가진 사람들이 많다.

진정한
미식가는?

_ 자신의 욕구에 솔직한 쾌락주의자

같은 미식가라 할지라도 가까운 곳의 맛있는 음식점을 돌아보는 것만으로는 만족하지 않고 각 지역의 향토음식을 맛보기 위해 전국을 찾아다니는 사람이 있다.

'지금까지 먹어보지 못한 맛있는 것을 먹고 싶다'는 탐구심과 호기심이 강하고, 여러 지역을 여행하며 경험하게 되는 지역 사람들과의 만남을 커다란 즐거움으로 삼고 있는 것이다.

요즘은 식품 저장과 인터넷의 발달로, 각지의 특산물을 집에서 맛볼 수 있는 편리한 세상이 되었다.

하지만 누가 뭐래도 향토음식은 그 지방에서 먹는 것이 으뜸이다.

거기에는 '본고장까지 일부러 먹으러 왔다'는 기분이나 분위기가 작용하는 탓도 있겠지만, 그 지역의 풍토나 문화 속에서 독특한 요리법이나 재료가 자라난 것이니 그곳의 기후와 문화를 접하면서 먹는 것이 맛을 가장 잘 알 수 있는 방법이기 때문이다.

이처럼 '가장 맛있게 먹는 법'을 알고 있기 때문에 진정한 미식가라고 할 수 있다. 이런 사람은 자신의 욕구에 솔직하고 또 그것을 위해서는 시간이나 돈도 아낌없이 투자하는 쾌락주의자이다.

따라서 '진정한 미식가'는 앞에서 말한 것처럼 '본고장 이탈리아의 파스타는…' 이런 식으로 말하지 않는다. 그 같은 권위주의적인 사람과는 정반대에 있는 사람으로, 자신만의 즐거움을 추구한다.

보통 병에 걸리면 식욕이 떨어지는 법인데, 몸의 상태뿐만 아니라 정신적인 면도 식욕에 큰 영향을 준다. 고민거리가 있을 때나 마음이 답답할 때는 일부러 멀리까지 가서 식사를 즐기고 싶은 마음이 생기지 않는다.

스트레스 때문에 '폭식'을 하는 사람도 있지만 기본적으로 '맛있는 음식을 먹을 때 행복하다'고 생각하는 사람은 스트레스에 강한 타입이다.

　각 지역의 향토음식을 본고장에서 맛보는 사람과 마찬가지로 제철 음식에 집착하는 사람도 진정한 미식가이다. 음식을 단지 식욕을 채우는 것이라고만 생각하지 않고, 제철 음식을 맛봄으로써 계절을 맛본다고 여기며 '먹는다는 것' 자체를 문화로 인식하고 있는 것이다.

매일 아침
똑같은 메뉴를
먹는 사람

_ 안정을 추구하는 보수주의자

그곳이 제아무리 맛있는 집이라 할지라도 일부러 멀리까지 갈 바에는 차라리 가까운 단골 음식점에서 먹는 편이 낫다는 사람이 있다.

자신은 그저 귀찮은 게 싫을 뿐이라고 말할지 모르겠지만 자신이 좋아하는 일을 귀찮다고 생각할 사람은 아무도 없다. 그런 사람에게는 낯선 음식점보다 약간 맛은 떨어질지 몰라도 자신이 잘 아는 곳이 마음을 편안하게 해주는 '좋은 음식점' 인 셈이다.

새로운 발견을 추구하는 것이 아니라 안정감과 편안함을 추구하는 것이니 호기심을 가지고 도전하기보다는 안정을 바라는 보수적인 성격이다.

매일 식사도 아침은 토스트와 커피, 점심은 회사 근처 식당, 이런 식으로 일정한 패턴을 반복해도 싫증을 내지 않는 사람역시 그런 일상을 지키는 것이 정신적으로 안정을 가져다주기 때문이다.

일을 할 때도 정해진 것을 매일 착실하게 해 나가는 견실한 노력가 타입이다. 단, 독창성이나 도전정신이 부족한 면이있기 때문에 스스로 결정해서 길을 개척하기보다는 누군가의 밑에서 시킨 일을 꾸준히 해 나가는 '숨은 공로자' 같은위치에서 자신의 힘을 발휘하는 타입이다.

그리고 평일 아침에는 토스트를 먹지만 휴일 오전에는 근사한 레스토랑에 천천히 브런치를 즐기는 사람은 일과 사생활을 명확하게 구분짓는 사람이다. 일을 할 때는 무슨 일이나열정적으로 척척 해내지만, 휴일에는 느긋하게 보내는 등 성격적으로도 완전히 다른 사람처럼 보이는 수도 있다.

아침식사, 점심식사의 패턴이 매일 같은 사람의 성격은 다음과 같다.

▶매일 매일의 습관을 지키는 데서 정신적인 안정감을 얻는

타입.

▶ 호기심을 가지고 새로운 일에 도전하기보다는 안정을 택하
는 보수파.

▶ 자신이 위에 서서 타인을 이끌기보다는 남의 밑에서 꾸준히
노력하는 '숨은 공로자'.

점심, 저녁 모두 혼자 도시락을 사 먹는 사람

_ '은둔형 외톨이' 성향

점심은 패스트푸드, 저녁도 편의점에서 도시락과 반찬을 사 갖고 와서 텔레비전을 보며 혼자 먹는 젊은이들이 많다. 어차피 혼자서 먹는 것이니 간단하게 해결하자는 생각인 듯하다.

먹을 것에 대한 집착이 없어서라기보다는, 외식을 하면 식비도 많이 들고 누군가와 함께 식사하면 신경이 쓰여서 귀찮다는 이유로 그러는 경우가 많다.

식사는 음식 자체의 맛도 물론 중요하지만, 누군가와 즐겁게 대화를 나누며 먹으면 더욱 맛있게 느껴지는 법이다. 이

154 |

같은 식사의 즐거움을 스스로 포기한 것이니 정신적으로도 풍성한 식생활이라고는 할 수 없다. 설령 먹는 것 자체에는 집착하지 않는다 할지라도 취미나 일을 삶의 보람이라 생각하고 있다면 '함께 식사라도 하자'고 말해 주는 사람이 있을 것이다.

"늘 혼자서 먹기 때문에 이제는 익숙해져서 아무렇지도 않다."

본인은 이렇게 말할지도 모르겠지만 인생에서 그다지 만족감을 못 느끼고 있을 것이다. 미래에 대한 비전도 없고, 연애를 하고 있는 것도 아니고, 취미나 일에 몰두했던 기억은 예전에도 지금도 없다. 하루하루 무기력하게 생활하고 있는 사람처럼 보인다.

혼자서 편의점의 김밥으로 식사를 해결하는 사람은, 사람들과의 교제에 서툴러서 혼자 있는 것이 편안하다고 생각하는 내성적인 성격이라고 봐도 틀림없다.

혹은 식사에 시간과 돈을 쓸 바에는 차라리 다른 곳에 쓰는 편이 낫다고 생각하여 방 안에서 '은둔적인 생활'을 보내고 있는 사람도 있다.

그리고 가리는 것이 많아서 다른 사람과 외식하기를 싫어하는 사람들도 있다.

그러나 평소에는 편의점의 도시락으로 식사를 해결하지만 데이트를 할 때는 고급 레스토랑에서 연인과의 식사를 즐기는 사람은 전혀 다른 타입이다. '한 번의 식사를 위해서 열 번의 식사비를 절약할 줄 아는 사람'이니, 자신이 하고 싶은 일을 위해서 어느 정도 절제할 줄 아는 성격이다.

혼자 밥 먹지
못하는 사람

_ 의존적인 성격

느긋하게 시간적으로 여유있는 저녁식사와는 달리 시간이 한정되어 있는 점심 메뉴를 고르는 방식에서 그 사람의 성격과 인생의 우선순위 등을 엿볼 수 있다.

패스트푸드 등 음식이 바로 나오는 곳을 좋아하는 사람은 드디어 찾아온 휴식시간을 식사만으로 보내기는 아깝다고 생각하는 사람이다. 식사를 하는 것보다 여유 시간에 책을 읽거나 동료들과 즐겁게 이야기 나누는 시간을 더 우선시하는 것이다.

반대로, 제한된 시간이기 때문에 패스트푸드보다는 조용한 식당에서 천천히 음식을 맛보고 싶다고 생각하는 사람은 평소 생활에서도 자신의 시간을 소중하게 여긴다. 돈이 조금 더 들더라도 기차보다는 비행기를 선택하고, 자유석보다는 편안하게 시간을 보낼 수 있는 지정석을 선택하겠다는 사고방식을 가진 사람이다.

같은 패스트푸드라도 '가격과 양' 모두에 끌리는 사람도 있다. 그런 사람은, 점심은 어차피 저녁을 먹기 전까지 에너지를 공급하는 수단에 지나지 않는다고 생각하기 때문에 거기서 절약한 것을 저녁이나 휴일에 쓰겠다는 합리적인 생각을 가진 사람이다.

도시락을 싸오는 사람 중에는 절약을 위해서인 사람도 있겠지만, 오히려 외식은 건강에 좋지 않다, 칼로리를 과다섭취하게 된다, 근처에 마음에 드는 식당이 없다는 등의 이유로 도시락을 싸오는 사람들이 더 많은 듯하다. 이유야 어쨌든 건강이나 맛을 중요시하기 때문에 아침 일찍 일어나 도시락 싸는 일을 귀찮아하지 않는 노력가 타입이다.

음식의 종류와는 상관없이, 혼자 먹기를 싫어하고 늘 누군가와 함께 먹으려 하는 사람은 어렸을 때부터 혼자서 밥을 먹는데 익숙하지 않아 언제나 누군가와 함께 먹으려 하는 의존적인 성격이다.

점심을 선택하는 방법으로 알 수 있는 성격.

▶ 혼자 여유를 가지고 먹는 사람은 자신의 시간을 소중하게 생
  각하는 타입.

▶ 패스트푸드로 간단하게 해결하는 사람은, 평일은 시간과 돈
  을 가능한 한 절약하겠다는 합리적인 사고를 가진 사람.

▶ 도시락을 싸오는 사람은 자신의 건강이나 맛을 중요하게 생
  각하는 야무진 사람.

가정식 백반집을 좋아한다

_ 외로움을 잘 타는 사람

　헤어 스타일이나 옷차림 같은 패션에는 '주위 사람들에게 이런 식으로 보이고 싶다'는 소망이 드러나는 법이다. 마찬가지로, 가고 싶어하는 레스토랑이나 음식점에도 그 사람의 심리와 숨겨진 욕구가 적잖이 반영된다.

　인테리어도 훌륭하고, 주방장도 일류, 웨이터들의 서비스도 뛰어난 유명 고급 레스토랑. '한 번만이라도 좋으니 특급 레스토랑에서 식사를 해보고 싶다'라고 생각하는 사람이 많을 것이다. 그런 음식점의 단골로 인정받고 싶어하는 사람은

'고급 레스토랑에 어울리는 사람이 되고 싶다' 는 명예욕과 금전욕이 강한 사람이다.

최고의 식사를 맛보고 싶다는 생각보다는 '아무나 출입할 수 없는 곳에서 식사를 하고 있다는 사회적 지위를 맛보고 싶은 것' 이다. 일류 웨이터나 주방장이 자신을 특별 대접해 주는 것에서도 쾌감을 느끼는 타입이며, 사람들 위에 군림하고 싶어하는 권위주의적인 성격도 있다.

반면 그런 고급 레스토랑에서는 긴장해서 음식이 제대로 넘어가지도 않는다, 좀 더 서민적인 곳에서 먹는 편이 훨씬 더 편하다고 말하는 사람도 있다.

식당 주인이나 종업원으로부터 손님으로 대접받기보다는 한 가족처럼 스스럼없이 대해 주기를 바라는, 가정적인 분위기를 좋아하는 타입이다. 가족이 없는 사람은 그 식당을 편안한 장소로 생각하는 것이겠지만, 가족이 있는데도 그런 식당에 자주 가는 사람은 실제 가족관계에 만족하지 못하는 사람일 수도 있다. 이상적인 가족상을 그 가게에서 찾으려는 것일지도 모른다.

성격적으로는 외로움을 잘 타고, 누군가의 위에 서거나 밑에 있는 상하관계보다는 친구로서 대등한 인간관계를 추구하는 사람이다.

▶고급 레스토랑을 좋아하는 사람의 성격은 명예욕·금전욕이 강하고, 자신도 그런 가게에 어울리는 단골이 되고 싶다는 성공 지향형.

▶서민적인 식당을 좋아하는 사람의 성격은 가정적인 분위기 속에서 편안함을 느끼는 사람. 외로움을 잘 타고 사람과 어울리는 것을 좋아하는 성격.

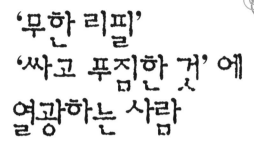

'무한 리필'
'싸고 푸짐한 것' 에
열광하는 사람

_ 대범한 사람에게 끌린다

  고급스러운 느낌이라기보다는 세련된 공간과 인테리어, 음악 등 개성적인 분위기의 도회적인 식당. 메뉴도 아프리카 음식이나 국적불명의 퓨전요리 등 약간 특이한 것이 주류를 이루고 있는 음식점을 좋아하는 사람은 센스나 패션 감각을 중요하게 여기는 '감각파' 이다.

  호기심이 강하고 새로운 것에 도전하기를 좋아하는 성격으로 장신구나 좋아하는 음악에도 독특한 취향을 가진 사람들이 많다.

이런 종류의 사람들은 '젊음', '참신', '독특', '개성적' 인 것을 추구하며 '낡은 것', '평범한 것', '촌스러운 것' 을 싫어 한다.

반면 '무한 리필', '싸고 푸짐한' 가게를 좋아하는 사람은 식욕이 왕성하고 활기찬 타입이다. 그런 사람이 먹성만큼 호쾌한 성격인지 확실치는 않지만, 이런 사람은 사소한 일에 신경을 쓰는 타입보다는 대범한 성격을 가진 사람과 사귀는 것을 좋아한다.

여행중에도 평소 자주 다니는 프랜차이즈 식당을 선택하는 사람은 가능한 한 모험을 하지 않는 견실한 성격이다. 가족 이나 친구가 주위에 있어서 마음 놓고 행동할 수 있을 때는 안심하고 당당한 태도를 취하지만 낯선 곳에 가면 갑자기 소심해지는 타입이다.

반대로 여행중에는 평소 가지 않던 비싼 식당에도 서슴없이 들어가는 사람. 도전정신이 강하다기보다는 여행에서 오는 해방감 때문에 대범해진 것이다. 그만큼 분위기에 휩쓸리기 쉬운 성격이다. 기분파와 같은 면이 있기 때문에 당시의 기분에 따라서 '오늘은 내가 전부 쏠게!' 라고 했다가 후회하는 경우가 있다.

▶세련되고 도회적인 음식점을 좋아하는 사람은 겉모양이나

센스를 중시하고 개성적인 사람으로 보이기를 원한다.

▶ 무한 리필, 싸고 푸짐한 가게를 좋아하는 사람은 정력적이고,
웬만한 일은 마음에 담아두지 않는 대범한 사람을 좋아한다.

'싸고 맛있는 것'을 찾는 사람

_ 균형 감각이 뛰어나다

음식점을 평가할 때도 '맛있으면 약간은 비싸도 상관없다'고 생각하는 타입과 '아무리 맛있어도 너무 비싸서는 안 된다. 맛과 가격 모두가 만족스럽지 못하면 좋은 음식점이라고 할 수 없다'고 생각하는 타입이 있다.

'도쿄 사람은 비싼 물건을 샀을 때 자랑하고, 오사카 사람은 얼마나 싸게 샀는가(깎았는가)를 자랑한다'는 말이 있듯이, 지역성과 관계있을지도 모르겠다.

전자의 경우는 '맛있는 것(좋은 것)'에는 그에 합당한 돈을 치를 만한 가치가 있다', 즉 '최상의 것을 얻기 위해서는 나름 대로의 노력(대가)을 치러야 한다' 는 현실적인 사고를 가지고 있는 사람이다. 스스로도 꿈이나 목표를 향해서 노력과 인내 를 아끼지 않는 적극적인 사람이라고 할 수 있다.

하지만 '비싼 것이니 맛있을 것이다' 라고 생각하는 사람은 매사에 돈을 기준으로 판단하려는 사람이다.

'저 사람은 일류 기업에 다니고 있으니 인간적으로도 훌륭 한 사람일 것이다.'

'유명인이 사용하는 것이니 틀림없이 좋은 상품일 것이다.'

이처럼 권위나 세상의 평판에 약한 권위주의적인 사고를 가 진 사람이다.

반대로 '맛' 과 '가격' 이라는 두 개의 평가기준을 저울질하 며 판단하는 후자의 경우는 균형 감각이 뛰어난 사람이다. 인물을 평가할 때도,

"머리가 좋고 눈치가 빠르지만 인간성 좋은 사람이라고는 할 수 없다." 라는 식으로 냉정하게 상대방의 '미묘한 부분' 까지 파악해낸다.

다만 '아무리 맛있어도 너무 비싸서는 안 된다' 는 생각이 지나치면, 인간관계에서도 마음에 들지 않는 한 부분이 눈에 띄는 순간 상대방의 전부를 싫어하게 될 우려가 있다.

▶ '맛있으면 비싸도 상관없다'고 생각하는 사람은 현실적인 노력가 타입.

▶ '비싸니 맛있을 것'이라고 생각하는 사람에게는 매사를 돈으로 판단하는 권위주의적 경향이 있음.

▶ '맛있고 싼 것'을 찾는 사람은 균형 감각이 뛰어난 사람.

직접 요리하기를 좋아하는 사람

_ 예술가 타입

외식하기보다 집에서 직접 음식을 만들기를 더 좋아하는 사람이 있다.

그 중에는 식칼이나 냄비 등 조리기구도 프로 수준, 요리 솜씨도 프로 뺨치는 사람도 있다.

그런 사람은 자신의 감각을 소중하게 생각하지만, 새로운 것에 대해서도 열심히 연구하며 어설프게 타협하려 들지 않는 장인(匠人)과도 같은 성격이다. 자신의 일에서도 미흡한 부분이 있으면 만족할 줄 모르는 완벽주의 성향이 있다.

또 한 가지 타입으로는 도구나 외양 따위에는 별로 신경을 쓰지 않고 그저 요리 자체를 좋아하는 사람. 특히 친구들을 초대해 자신이 만든 음식을 먹이고, 그들이 즐기는 모습을 보며 기뻐한다. 이런 사람은 '무엇인가 만들기'를 좋아하는 성향에다 '자신이 만든 것으로 기쁨을 주고 싶다'는 서비스 정신을 엿볼 수 있다.

똑같이 서비스 정신이 강한 사람이라 할지라도 언제나 자신이 중심이 되어 사람들의 흥을 돋우는 타입과는 약간 차이가 있다. 실제로 집에 친구들을 초대하여 자신은 분주히 움직이느라 손님들과 직접 대화를 즐길 시간은 없지만 그 분위기만으로도 만족을 느끼는, 주최자에 적합한 타입이다.

흔한 타입은 아니지만, 누군가를 위해서 만든다기보다는 스트레스 해소를 위해서 요리를 하는 사람도 있다.

요리의 순서를 생각하고 재료를 썰고 호쾌하게 불을 사용하는 동안 스트레스가 확 풀린다고 한다. 틀림없이 '무엇인가를 만드는 일'을 통해서 본래의 자신을 되찾는 '예술가 타입'일 것이다.

직접 요리하는 것이 취미인 사람의 성격은 다음의 세 가지로 분류할 수 있다.

▶재료나 도구에까지 신경을 쓰는 사람은 타협을 모르는 장인

과도 같은 완벽주의자.

▶여러 사람들에게 자신이 만든 음식을 대접하고 싶어하는 사람은 서비스 정신과 세심함을 갖춘 '호스트 · 호스티스 타입' 성격.

▶스트레스 해소를 위해서 요리를 하는 사람은 만드는 과정을 중요하게 생각하는 예술가 타입.

서너 명이
조용히 마시기를
좋아하는 사람

_ 고민거리를 잘 들어주는 타입

술을 마시면 본래의 인간성이 나온다고 하듯이, 평소에는 예의로 감춰져 있던 부분도 술을 마시면 드러나게 된다. 스트레스 해소를 위해 술 마시러 가는 것이니, 어떤 술집을 즐겨 찾는가를 보면 그 사람의 욕구나 욕구불만을 알 수 있다.

술을 마시는 방법이나 술집을 선택하는 방법에 따라 성격을 분석해본다.

대형 술집에서 여러 사람과 떠들썩하게 마시기를 좋아하는 사람. '이왕 마시는 거, 여러 사람과 즐겁게 마셔야 한다'는 사교적이고 활달한 성격이다.

쉽게 들뜨고 떠들썩한 것을 좋아하기 때문에 과음을 해서 약간 실수를 하기도 하지만 기본적으로 주위 사람들에게 피해를 줄 정도로 마시는 것은 싫어한다.

'인생, 힘들고 어려운 일도 있지만 그만큼 즐거운 일이나 재미있는 일도 얼마든지 있다'는 긍정적인 사고를 가지고 있는 사람이다.

반면 같은 술집에 간다 할지라도 서너 명이 이야기를 나누며 마시기를 좋아하는 사람. 이런 사람도 사교적인 성격이기는 하지만 여럿이서 떠들썩하게 마시기보다는 천천히 대화를 나누며 마시기를 좋아하는 타입이다.

이야기하기를 좋아할 뿐만 아니라 다른 사람의 말도 잘 들어주는 타입이기 때문에 고민거리나 연애에 관한 문제 등 진지한 얘기도 신중하게 들어준다. 단 개중에는 사람을 좋아하는 성격이나 이야기하기를 좋아하는 성격이 약간 지나쳐, 간섭을 하거나 이야기를 과장해서 받아들이는 사람도 있으니 주의할 필요가 있다.

여럿이서 떠들썩하게 마시기를 좋아하는 사람의 성격은?
▶사교적이고 분위기를 잘 타며 떠들썩한 것을 좋아한다.
▶ '인생, 즐기지 않으면 손해'라는 생각을 가진 활달한 낙천가.

서너 명이 조용히 이야기하며 마시기를 좋아하는 사람의
성격은?

▶이야기를 하거나 듣기를 좋아한다. 고민거리도 싫은 내색 하
  지 않고 들어준다.

▶이야기를 나눔으로써 서로를 이해할 수 있다는 사고방식을
  갖고 있다.

호스티스가 있는 술집에 가는 남자의 심리

_ 따뜻한 위로를 받고 싶어하기 때문

일이나 인간관계에서 받은 스트레스를 해소하기 위해 혼자 조용한 술집에서 편안한 시간을 갖고 싶은 사람도 많을 것이다.

여성의 입장에서 보면 바(bar)나 단란주점에 자주 가는 남자들은 모두 그곳에서 일하는 호스티스에게 마음이 있어서 가는 것이라고 생각할지도 모르겠다. 물론 '운이 좋으면…' 이라는 속내를 가진 남자도 적지는 않을 테지만 그것만을 목적으로 다니는 사람만 있는 것은 아니다.

회사와 집이 일상 생활의 기본 장소라면, 술을 좋아하는 사람에게 있어서 술집은 그 일상을 잠시 잊게 해주는 비일상의 세계이다. 일상의 세계에서는 '일처리 하나 제대로 못하는 한심한 사원'이거나 '부하들이 싫어하는 상사', '아내와 아이들에게 존중받지 못하는 남편, 아버지'라 할지라도 비일상의 술집에서는 상관없다.

비록 장사를 위한 말일지라도 '수고하셨어요', '일, 힘드시죠'라는 등의 다정한 말을 들으면 누구나 위로를 받고 기뻐하는 법이다. 아내나 부하들에게서 찾아보지 못하는 다정함을 찾아서 그 술집에 가는 것이니, 남자들에게 술집이란 틀림없이 '위로받는 장소'이다.

미혼 남성 중에 낯선 여자에게 먼저 말을 걸기는커녕 같은 회사의 여성 사원들과도 제대로 말하지 못하는 사람이라도 술집의 호스티스와는 즐겁게 대화를 나눌 수 있다는 사람이 있다.

손님이기 때문에 호스티스가 이야기를 진지하게 들어준다는 점도 있겠지만, 손님에게도 '여기서는 약간 이상한 얘기를 해도 괜찮다'는 편안한 생각이 든다는 점이 커다란 요인으로 작용하고 있는 듯하다. 호스티스와 대화를 주고받음으로써 일상 속에서의 여성들과는 불가능했던 연애 감정을 대신 맛보는 것이다.

물론 '위로받는 장소', '대리연애의 장소'로 호스티스가 있는 술집을 찾는 사람만 있는 것은 아니다. 순수하게 여성들과 즐기는 것이 좋아서 찾는 사람들도 있다. 그런 사람들은 바나 주점뿐만 아니라 동료나 친구들과도 여러 술집으로 놀러 가는, 전천후 타입의 놀이를 즐기는 사람이다.

혼자 바나 주점에 다니는 남성은 그곳을 '위로받는 장소', '대리연애의 장소'라고 생각하고 있는 것만은 분명하다.

술집의
다른 손님들과
편안히 얘기하는 사람

_ 일에 대한 스트레스가 많다

술집에서 만나는 사람은 호스티스와 주인뿐만이 아니다. 같은 술집에서 함께 마시는 손님끼리도 '동지' 로서 친밀한 관계를 맺게 되는 경우가 많다.

회사의 동료나 고객들과는 달리 단골 술집에서 만나는 사람들과는, 상하관계나 이해관계를 떠나서 서로 대등한 관계로 만날 수 있다. 이른바 '밤 친구' 들에게서 마음의 위안을 얻으려는 심리이다.

회사 동료나 친구와 마시기보다 혼자 단골 술집에 가서 그곳의 친구들과 마시는 것이 더 편한 사람은 지위나 직함에 구애받지 않고 본래의 자기 모습대로 있고 싶다는 의식을 가지고 있는 사람이다. 뒤집어 말하면 직업에 따른 위치나 직함에서 스트레스를 느끼기 때문에 그것을 잊을 수 있는 시간을 보내고 싶다는 욕구가 있는 것이다.

약간 다른 얘기가 되겠지만 SM(사디즘·마조히즘)클럽도 유럽에서는 원래 마조히스트 역할을 맡는 귀족이나 지식계급 덕분에 유행하게 된 것이라고 한다. 평소 지배적인 입장에 있는 그들이 반대 입장인 학대받는 역할이 됨으로써 쾌감을 얻고 스트레스 해소의 길을 찾았던 것이라는 심리분석이 있다.

회사 동료나 상사, 부하들과 어울려 다니기를 좋아하지 않는 사람도 혼자 술집에 가는 타입 중 하나이다. 술자리에서까지 회사 사람들과 일 이야기를 하고 싶지는 않다, 일에 관한 이야기를 주고받기는 하지만 원래부터 회사 사람들과는 마음이 잘 맞지 않는 '한 마리 외로운 늑대' 타입이다.

어차피 술집의 카운터에는 나이도 다르고 직업도 다양한 사람들이 모인다. 그런 곳이 더 편한 사람은 회사에 소속 의식이 약한 면과, 그리고 자신과 다른 타입의 사람들과도 재미있게 즐길 수 있는 마음이 넓은 면 모두를 가지고 있는 사람이다.

술집에서 만난 친구가 많은 사람의 성격은 다음과 같다.

▶ 직업상 위치나 직함에 스트레스를 느끼고 있다.

▶ 사적인 자리에서까지 회사 사람들과 함께 하고 싶지는 않다고 생각하는 고독한 타입.

▶ 직종이나 나이가 다른 상대와도 이야기를 잘 한다.

조용한 바에서
혼자 술 마시는
남자 속셈은?

_ 여자의 마음을 사로잡겠다는 의도

혼자 술 마시러 가서도 대화 상대를 찾는 것이 아니라 바의
카운터에서 조용히 술잔을 기울이는 타입이 있다. 영화 속의
장면 때문인지, 멋진 남성이 아물지 않은 과거의 상처를 되
씹고 있는 장면처럼 보인다.

여럿이 떠들썩하게 즐기거나 노래방에서 목이 터져라 노래
를 부르기보다는 아무도 신경 쓰지 않고 천천히 자신이 좋아
하는 술을 즐기고 싶은 것이다. 이런 타입은 기본적으로 사
람 사귀는 것을 그다지 좋아하지 않고 낯을 가리는 성격으

로, 자신의 좋고 싫음을 분명하게 얘기할 줄 아는 사람이다.

그렇다고 해서 사람을 싫어하는 것은 아니며 자신의 취향이나 성격을 이해해주고 말이 통하는 사람과는 아주 절친하게 지낸다.

특히 다양한 사케를 맛볼 수 있는 곳, 귀한 와인이나 스카치가 있는 전문점에는 순수하게 술맛을 즐기러 오는 손님이 많아, 어떤 의미에서는 동호회원들이 모이는 살롱 같은 곳이라 할 수 있다. 그들에게 있어서 그 술집에 간다는 것은 운동을 좋아하는 사람들이 피트니스 클럽이나 운동장에 가는 것이나, 음악 애호가들이 콘서트홀로 모여드는 것과 조금도 다를 바 없다.

이러한 바를 찾는 사람이라 할지라도 언제나 여성을 데리고 마시러 오는 사람이 있다. 이런 남자는 술을 음미하기보다는 그런 분위기를 이용해서 여성의 마음을 사로잡겠다는 생각을 가지고 있는 사람이다.

따라서 첫 데이트 때 분위기 좋은 바로 데리고 간다면 "멋진 가게네요. 자주 오세요?"라고 물어보라.

남자가, "가끔이요. 평소에는 카운터에서 혼자 싱글 와인을 마시지만…"이라고 대답해도 곧이곧대로 믿지 않는 편이 좋다. 그런 말을 하는 남자일수록 '평소에는 혼자'이기는커녕 다른 여자와 함께 오는 경우가 훨씬 더 많을 테니까.

바의 카운터에서 혼자 조용히 마시는 남자는, 낯을 가리는 성격이지만 취미나 대화가 통하는 사람과는 매우 사이좋게 지내는 성격이다.

혼자 술을 마시러
오는 여자는?

_ '외로운 여자' 인가, '강한 여자' 인가

　요즘 술집이나 바에 혼자 술을 마시러 오는 여성들이 늘고 있다고 한다. 예전에는 혼자서 바나 클럽에 가는 여성은 쉽게 유혹할 수 있다는 인식이 있었지만, 여성의 사회 진출이 두드러진 요즘에는 '혼자 술 마시는 것은 외로운 여자' 라는 단세포적인 생각은 이제 통하지 않는다.

　실제로 바의 카운터에서 혼자 마시고 있는 여성에게 접근해 보려다가 매몰차게 거절당한 경험을 가지고 있는 남자들도 많을 것이다.

술집에 당당하게 들어오는 여성 중에는 오히려 남성과 대등한 입장에서 능력을 발휘하고 자신감과 프라이드를 가지고 살아가는 타입이 많기 때문에 어설프게 말을 걸어오는 사람은 상대도 하지 않을 것이다.

그런 여성들이 혼자서 술집을 찾는 이유는, 남성들과 마찬가지로 일에서 오는 스트레스를 해소하거나 순수하게 술이나 식사를 즐기기 위해서이다.

그리고 일이나 취미를 통해서 다양한 남자들을 만나왔기 때문에 특별히 낯을 가리지 않고, 화젯거리도 풍부하다. 그런 여성의 관심을 끌고 싶다면 업무로 인한 스트레스를 충분히 이해해주고, 상대방을 즐겁게 해줄 수 있을 만큼의 교양과 대화가 필요하다.

반대로 여성이, 술집에서 혼자 마시고 있는 남성과 좋은 관계를 맺고 싶다면 '나도 남성 못지않게 열심히 하고 있다'는 점을 강조하기보다는, 상대방의 이야기를 가만히 들어주는 배려, 여성적인 차분함으로 다가가는 편이 좋다.

혼자서 술집에 오는 여성의 타입·성격은?

▶ 남성에게도 뒤지지 않을 정도로 자신의 능력을 발휘하고 있는 커리어우먼.

▶ 노래방이나 젊은이들이 모이는 클럽에서 노는 것에는 이미

흥미를 잃은 원숙한 여성.

▶다양한 취미를 가지고 있으며, 자신의 삶이나 스타일에 자신
감과 프라이드를 가지고 있다.

▶화제가 풍부하고, 깊이 있는 대화를 즐길 수 있는 상대를 원
한다.

• 제5장 •

지루한 사람과
밥 먹지 마라

취중 말실수의
결과는?

_ 뼈아픈 보복을 각오하라

술에 취하면 자신도 모르게 말실수를 하게 되는 경우가 있다. 해서는 안 될 말을 해서 분위기를 싸늘하게 만들어 버린다. 한번의 실수로 인간관계까지 깨어지기도 한다.

거드름을 피우고 있는 상사를 향해 '이봐, 거기 대머리'라고 부른다.

함께 술 마시던 사람들이 순간 긴장한다.

술잔이 비었는데도 눈치채지 못한 부하에게 "자넨 정말 아무 짝에도 쓸모가 없다니까."라고 핀잔을 준다.

농담을 건넸는데 웃어 주기는커녕 오히려 싸늘한 시선으로 바라보는 여성에게 "그렇게 쌀쌀맞으니까 아직 시집도 못 가는 거야."라며 비꼬는 등.

상대방은 그냥 흘려들을 수 없는 말들이다.

'평소에는 친한 척 낯간지러운 소리를 해대더니, 그래 속으로는 그렇게 생각하고 있었단 말이지. 당신의 본심은 그런 것이었군' 이라고 마음속에 담아두게 된다.

말한 사람은 자신도 모르게 '실수' 를 했다고 생각할지 모르겠지만 들은 사람은 평소 마음속에 품고 있던 '본심' 이 드러난 것이라고 받아들인다.

그렇게 되면 말실수를 한 사람은 이튿날부터 고난의 가시밭길을 걷게 된다.

싫은 소리를 들은 여성은 말도 걸어오지 않을 것이며, 부하는 의욕을 잃고 반항적인 태도를 취하게 될 것이다. 상사로부터는 급여나 인사고과 면에서 뼈아픈 보복을 당하게 될지도 모른다.

실수를 한 것이든 평소 품고 있던 속내가 드러난 것이든 술자리에서 실언을 했을 때는 취했다는 것을 핑계로 어영부영 넘기지 말고 그 자리에서 진심으로 "죄송합니다. 해서는 안 될 말을 했습니다."라고 사과를 하는 것이 후환을 없애는 최선의 방법이다.

그렇다고 이미 상대방 마음속에 새겨진 부정적인 인식이 완전히 사라졌다고 장담할 수는 없겠지만.

 Tip 식탁 위의 심리학

- ● 실수했을 때는 그 자리에서 바로 사과하자. "한 번만 봐줘, 하하하…"라는 식으로 얼렁뚱땅 넘어가지 말 것.
- ▶ 취중에 하는 칭찬은, 마음에도 없는 거짓이 많은 법.
- ▶ 취중에 하는 "내게 맡겨."라는 말만큼 믿지 못할 것도 없다.
- ▶ 취중에 한 허풍을 술자리가 끝난 뒤까지도 믿지 말 것.

식사중 '우리끼리 하는 말인데…'

_ 절대 듣지 않는 것이 상책

어쩌다가 단둘이 술자리를 함께 하게 되면 은근히 진지한 표정을 지으며, "우리끼리 얘긴데, 들어볼래? 지금까지 아무에게도 말하지 않았는데 너한테만 들려줄게…"라며 한껏 낮은 목소리로 이야기를 하는 사람이 있다.

그 사람은 당신을 믿기 때문에 그렇게 말했을 것이다. 그러나 당신은 '뭐? 무슨 일인데? 라고 흥미진진하게 느끼면서도 '약간 부담스럽다' 는 생각을 갖게 된다.

왜냐하면 "사실은 빚 때문에 꼼짝도 할 수가 없어…"라는 내용의 이야기로 "그래서 말인데… 돈 좀 빌려줘."라는 부탁을 받게 되면 입장이 난처해진다. 또 "윗사람에게는 아직 보고하지 않았지만 어처구니없는 실수를 저지르고 말았어."라는 넋두리를 들어도 입장이 난처해진다.

맨정신일 때의 '우리끼리 얘기', '너한테만 하는 말인데'는 그럭저럭 들어줄 만하지만, 술자리에서의 그런 이야기는 사람을 곤란하게 만드는 내용이 많다.

상대방도 틀림없이 '맨정신일 때 이런 얘기 해봤자 냉랭한 반응밖에 보이지 않을 것이다'라는 사실을 잘 알기 때문에 취중에 이야기하려는 것이다. 하지만 역효과만 일으킬 뿐이다. 상대가 취했을 때 별생각 없이 '무슨 이야긴데…'라고 들어주면 나중에 후회할 뿐이라는 사실은 누구나 한번쯤 경험해서 잘 알고 있다. 그렇기 때문에 상대방은 오히려 들으려 하지 않고 더욱 경계하려 들 것이다.

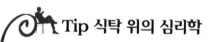 **Tip 식탁 위의 심리학**

● **술자리에서 '너에게만 하는 말'은 하지 말 것.**

▶ 취중에 '부탁'을 하지 말 것. 부탁은 맨정신에.

▶ 취중에 '사과'를 하지 말 것. 사과를 하려면 진지한 자세로.

▶ 취한 상대를 설득하려 들지 말 것.

'맨정신으로는 못할 얘기데…' 말하는 사람

_ 소심하거나 혹은 자의식이 강하거나

"사실 취중이 아니면 이런 이야기 못할 거야."라며 뭔가 있는 척 얘기하는 사람이 있다. 무슨 얘기인데 그러지? 흥미를 끈다.

'사실은 마누라가 이혼하자고 하나?

'쥐구멍에라도 들어가고 싶을 정도로 부끄러운 일을 당했었나?

'우리 회사 전무의 불륜현장이라도 목격한 걸까?

여러 가지로 상상의 나래를 펼치게 되는데 이런 종류의 상상은 그나마 양반이다. '취중이 아니면 못할 이야기'라고 했으니 맨정신으로는 절대로 할 수 없는 이야기, '극비에 해당하는 이야기'나 '누군가의 인격에 치명적인 이야기'나 '죽는 편이 낫겠다'는 등의 이야기나… 어쨌든 자극적인 이야기일 것으로 잔뜩 기대 반 호기심 반으로 기다린다.

그런데 막상 들어보면 대부분은 사람을 허탈하게 만드는 내용이다.

부부싸움을 해서 오늘은 아내가 도시락을 싸주지 않았다거나, 화장실에서 전무와 마주쳤는데 업무에 관한 문제로 야단을 맞았다거나… 하는 시시콜콜한 이야기이다. '뭐야?'라며 밀려오는 허탈감.

아내에 대한 불만도, 화장실에서 우연히 만난 전무에게 야단을 맞은 일도 직장에서 맨정신일 때 일부러 할 수 있는 이야기는 분명 아니다. '취중이 아니면 못할 이야기'인 줄은 알겠지만 너무 사소한 이야기이다.

이처럼 극히 사적인 이야기를 뭔가 있는 척 이야기하는 사람은 소심하거나 자의식이 지나치게 강한 타입, 둘 중 하나이다. 자신이 겪은 일을 과대평가해서 받아들이는 경향이 있다.

우리가 보통 술 마시면서 나누는 대화 내용은, 사적인 이야기가 아니라면 직장상사에 대한 불만이거나 사회비판의 얘기가 대부분일 것이다.

그것 역시 '취중이 아니면 못할 이야기'이기는 하지만 술집에서 그런 이야기는 대부분의 직장인들이 다 하고 있다. 그리 특별할 것도 없는 이야기이다.

 Tip 식탁 위의 심리학

● **뭔가 있는 척 이야기하면 술자리의 분위기가 식어 버린다.**

▶ 소심한 사람일수록 뭔가 있는 것처럼 이야기한다.

▶ 잔뜩 기대를 하게 해놓고 실망하게 만드는 사람은 직장에서도 무시를 당한다.

지식에 대해
'너무 깊이'
얘기하는 사람

_ 분위기를 냉각시키는 지름길

사케를 마시면서 "나다 지방의 술맛은 쌉쌀한 게 특징이야. 거기에 비해서 후시미의 술은 달달해…"라며 각 지역의 술에 대한 품평이 시작된다.

안주로 방어가 나오면 "방어는 이름이 한 가지가 아니야. 성장 시기에 따라서 이름이 각각 달라. 그런데 시기에 따라서 부르는 이름도 관동 지방과 관서 지방이 서로 달라…"라며 안주에 대한 설명을 시작한다.

그리고 "어떤 역사적인 인물인 누구누구는 방어회에 나다의 술 마시기를 즐겼다고 하는데⋯"라며 역사에 관한 이야기로까지 이어진다.

이처럼 음식에 대한 자신의 박식함을 자랑하지 않고는 못 견디는 사람이 있다.

물론 듣는 사람의 호기심 범위 내에서라면 귀에 거슬리는 내용은 아니다. 그런데 이런 종류의 이야기는 듣는 사람의 호기심의 범위를 넘어 점점 깊어져 가는 경우가 흔히 있다. 그것이 옥의 티이다.

이야기의 내용이 전문적으로 변해감에 따라 말이 길어지고 어딘지 앞뒤가 맞지 않아 곧 분위기가 식어 썰렁해지고 만다. 어느새 이야기가 자신의 자랑으로 흘러가 버릴 우려도 있다.

그런 사람과 함께 시간을 보낸다는 것은 괴로운 일이다. 듣는 사람 입장도 생각해 줬으면 좋으련만, 따분하다는 표정을 조금이라도 보일 양이면 한동안 입을 꾹 다물고 기분 나쁘다는 듯 노려보는 사람도 있다.

지식의 종류에 관계없이 박식한 사람은 '어떤 일에 몰두'하는 성격을 가지고 있다.

하지만 상대방은 그 '몰두'를 싫어한다. 그러한 '몰두'는 그 사람 개인적인 것일 뿐, 듣는 사람에게는 아무런 가치도 없는 것이기 때문이다.

지식이라는 것은 겸손한 듯 살짝 내보일 때 빛을 발하는 법이다.

 Tip 식탁 위의 심리학

● **지식은 살짝만 내보이는 신비주의에 의해 더욱 가치를 얻는다.**

▶ 술자리에서의 이야기로 그 사람이 무엇에 '몰두'하고 있는지 알 수 있다.

▶ '자신이 몰두하고 있는 일'에 너무 몰두하면 이야기가 지루해진다.

▶ '자신이 몰두하고 있는 일'을 이야기했다면 '상대방이 몰두하고 있는 일'에 대해서도 들을 것.

음식 하나하나에 불평을 하는 사람

_ 불평이 몸에 배어 있다

일일이 "이건 양념이 아무래도 이상해. 이건 국물을 충분히 우려내지 않았어. 이건 구울 때는 이렇게 구워야 하고 그릇에 담을 때는 저렇게 담아야 하고…"라는 말을 하지 않고는 견디지 못하는 사람이 있다.

이런 사람은 직장에서도 틀림없이 부하나 거래처에 대한 불평만을 해대고 있을 것이다. 집에서는 아내와 아이들에게 불평을 해대고.

이것은 인간 심리의 법칙으로, 불평은 습관화되기 쉬운

것'이기 때문이다.

평소 누군가에게 불평만을 해대면 자신도 모르는 사이에 그것이 버릇이 되어 '음식'에 대해서도 한마디 불평을 하지 않고는 먹지 못하게 된다.

함께 식사하는 사람에게도 피해가 아닐 수 없다. 기껏 맛있게 먹고 있었는데 갑자기 입맛이 뚝 떨어져 버린 느낌이다. 그리고 아무리 맛있는 음식이라 할지라도 불평을 하는 당사자에게도 맛없게 느껴질 것이다.

이런 사람에게 있어서,

▶ 부하 직원 지도란 '부하에게 질책을 하는 것.'

▶ 일이란 '거래처에 불평을 하는 것.'

▶ 아내란 '남편이 잔소리를 하지 않으면 기어오르는 법.'

이와 같이 참으로 단순한 사고에 꽉 막혀 있는 타입이다.

관리직이라 불리는 사람들 중에도 이런 타입이 있다. 이런 사람들은 위에서 힘으로 눌러서 아랫사람을 '관리'하려 한다. 그런 눈으로 사람을 바라보면 타인의 '장점'은 보이지 않고 '단점'만 보이게 된다.

'불평'을 하는 것이 아니라 '칭찬'하는 것을 습관으로 삼으면 부하와 동료들과 지금보다 훨씬 더 일하기 편해질 테고,

아내도 더욱 생기를 얻게 될 것이다.

음식은 '맛있다, 맛있다' 고 하며 먹으면 맛있는 법. 인간관계도 마찬가지이다.

불평하고 싶을 때마다 3초만 꾹 참아보자.

Tip 식탁 위의 심리학

● **'맛있다' 고 생각하며 먹으면 사람은 행복해진다.**

▶ 불평을 하며 먹으면 음식이 씁쓸해진다.

▶ 불만을 이야기하며 먹으면 음식에서 신맛이 난다.

▶ 고민거리를 품은 채 먹으면 아무런 맛도 느끼지 못하게 된다.

'완전 맛있어!' 라고
호들갑을 떠는 사람

_ 어린아이 대하듯 사귀어라

"완전 맛있다! 이렇게 맛있는 거 지금까지 먹어본 적이 없어. 감동 그 자체야. 너무 맛있어서 눈물이 나려고 해. 세상에. 세상에~ 둘이 먹다 하나가 죽어도 모르겠네."

이처럼 칭찬이라기보다는 오버스러울 정도로 호들갑을 떠는 사람이 있다.

앞에서 말한 음식에 대해 불평을 해대며 먹는 타입과는 정반대의 타입이다.

이런 사람은 좋게 말하면 긍정적이고 밝고 구김살이 없고

발랄한 성격이다. 어린아이 같은 면도 있다.

그 어린아이 같은 성격 때문에 분위기를 깨 버리는 경우도 있다.

상대방도 함께 '맛있다' 고 공감을 하며 같이 호들갑을 떨면 더욱 신이 나서 기분이 좋아진다.

하지만 '맛있다' 고 말하기는 하지만 목소리의 톤이 심드렁하거나, "그럭저럭 먹을 만하네…"라고 말하면 갑자기 기분이 가라앉는다. 소외당한 기분이 들어 혼자 쓸쓸한 표정을 짓기도 한다.

또 자신은 '맛있다' 고 호들갑을 떨었는데 상대방이 "그래? 난 별로 맛있는 것 같지 않은데…"라는 등 반대되는 말을 하면 '왜 나를 못 잡아먹어서 안달이지?' 라며 엉뚱한 상상력을 발휘한다.

그러고는 뚱하고, 삐쳐서 갑자기 입을 다물어 버려 분위기를 흐려놓는 경우도 있다.

기쁠 때는 한없이 들뜨고 그렇지 않을 때는 한없이 기분이 가라앉기 때문에 주위 사람들은 그럴 때마다 어떻게 대처해야 좋을지 몰라 전전긍긍한다.

이런 사람은 '어린아이를 달래는 기분' 으로 사귈 수밖에 없다.

어린아이란 천진스럽고 귀여운 행동을 할 때 예쁜 법이다.

자신을 낳아준 엄마 눈에나 그렇게 보인다는 사실을 명심하시라.

Tip 식탁 위의 심리학

● **'맛있다! 맛있다!' 며 너무 호들갑을 떨면 오히려 분위기가 식어 버리는 경우도 있다.**

▶ 식사 자리에서 필요 이상으로 호들갑을 떠는 것은 어린아이들이나 하는 짓.

▶ 어른들이 모인 자리에서 너무 호들갑을 떨면, 혼자 별난 사람이 된다.

▶ '맛있다' 는 말은 소프라노가 아니라 바리톤으로 하자.

술자리에서
쉴새없이
얘기하는 사람

_ 걱정거리를 끌어안고 있다

　업무중에는 '이야기하고 싶다'는 마음을 꾹꾹 참고 있었던 것일까. 몇몇 동료들과 '한잔' 하러 가면 술집에서 쉬지 않고 이야기하는 사람이 있다. "너, 말이 너무 많아."라고 타박을 주어도 쉴새없이 이야기를 해서 빈축을 사는 경우도 있다.

　어째서 그러는 걸까? 사실은 어떤 걱정거리가 있어서 쉴새 없이 떠들어대는 사람도 있다.

　예를 들어 '나는 다른 사람에게 인정받지 못하고 있는 게 아닐까? 일도 제대로 하지 못하는 나 같은 사람과는 모두들 함께 일하고 싶지 않다고 생각하는 것이 아닐까?' 라는 걱정거리를 안고 있다. 이런 사람은 '모두에게 인정받고 싶다'는 생각 때문에 자신을 잘 보이려고 쉴새없이 이야기를 해야겠다는 심리 작용이 있다.

이 같은 심리가 있는 사람들이 하는 이야기의 내용은 일방적인 것이 되기 쉽다. 상대방의 기분은 생각지도 않고 자기기분에 따라 이야기하고 혼자서 웃고, 못 말리는 상태까지 가기 때문에 분위기가 산만해져 버리는 경우가 흔히 생긴다.

그런 분위기를 되살리기 위해서 더욱 일방적으로 이야기하고 혼자서 웃고, 그 때문에 분위기는 더욱 싸늘해지고… 악순환이 거듭된다.

대화는 서로 공을 주고받는 것과 같다. 상대방의 말도 들어주어야 한다. 그렇게 하지 않으면 소외감은 더욱 커져만 간다.

Tip 식탁 위의 심리학

● 대화는 이야기하기도 하고 듣기도 하며 공을 주고받는 것.
▶ 말 많은 사람은 분위기와 동떨어지지 않도록 주의할 것.
▶ 소외감을 느끼는 사람의 얘기는 일방적이기 쉽다.
▶ 열등감을 느끼고 있는 사람은 강인한 척 이야기하기 쉽다.

재미있게
이야기하는 사람

_그것만으로도 '유능하다'는 증거

요즘 트렌드는 유머 있는 사람이 성공하는 시대다.

사회인이라면 식사자리나 술자리에서 모두를 즐겁게 할 재미있는 얘깃거리 한두 개쯤은 언제나 준비해 두어야 할 것이다.

또한 상대방이 이야기한 유머를 재치있게 맞받아칠 수 있을 정도의 순발력을 익히고 있다면 더욱 좋다.

모두가 왁자지껄 신나게 이야기하고 있는데 딱히 할 이야기가 없어서 단지 '응, 응…' 하며 듣기만 한다면 참으로 쓸쓸한 일이 아닐 수 없다.

　개중에는 아무런 말도 하지 않고 또 대화에 끼려고 하지도 않고 그저 혼자서 말없이 먹고 마시는 사람도 있다. 이런 사람은 '인간관계가 원만하지 못한 사람' '어딘지 이상한 사람'이라는 인상을 심어주게 된다.

　또 이런 사람도 있다. 배가 부르면 "그럼, 저는 먼저 가겠습니다."라며 혼자서 자리를 떠나 버리는 사람. 이런 사람은 철저히 자기중심적인 사람이다. '나는 만족했으니 그러면 됐다'는 심리다.

　'여럿이 식사를 한다'는 말 속에는 모두가 함께 커뮤니케이션을 즐긴다는 뜻도 포함되어 있다. 단순히 술에 취하고 배를 채우기만 하면 되는 것이 아니다. 서로에게 이야깃거리를 제공하여 공감하고 함께 웃으며 즐거운 시간을 보내자는 것이다.

　그 이야깃거리는 너무 진지한 것이어서는 안 된다. 물론 너무 외설적인 것이어서도 안 된다. 편안하고 밝게 웃을 수 있는 이야기, 마음이 밝아지는 것 같은 이야기가 좋다.

　식사나 술자리에서는 그런 이야깃거리를 제공하여 분위기를 리드할 수 있는 사람이 바로 주인공이다. 이것도 능력 중 하나로, 설령 일을 썩 잘하는 편이 아니라 할지라도 모두의 신뢰를 얻고 있기 때문에 회사에서 끝까지 살아남을 수 있는 사람이다.

　지루한 남자와는 밥 먹지 마라. 혹시 미래에 배우자감으로 점찍고 있는 사람이라면 더욱 더 그렇다. 재미있게 얘기하는 것만으로도 그는 '유능하다' 는 증거다.

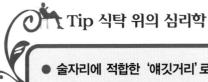

Tip 식탁 위의 심리학

● **술자리에 적합한 '얘깃거리'로 주인공이 될 수 있다.**

▶ 얘깃거리를 얻기 위해 매일 신문을 읽자.

▶ 자랑보다는 실수담을 얘깃거리로 삼자.

▶ 재미있는 이야기를 기억해 두자.

▶ 상대방이 썰렁한 유머를 해도 웃어주는 연습을 해 두자.

식사자리에서
얘깃거리가
없는 사람

_ 일벌레라는 증거

기본적으로 여럿이 함께 먹고 마시는 자리에서의 이야깃거리는, 펑 하고 터졌다가 슥 하고 사라지는 불꽃놀이 같은 것이 적합하다.

다시 말해 가볍고, 짧고, 바로 결론이 나는 것.

한두 마디 이야기하고 나면 모두가 '하하하' 하고 웃거나 '그래, 정말?'이라며 감탄하고 끝이 나는 이야기. 거기서 다시 새로운 이야깃거리가 생겨나고.

둘이서 이야기를 주고받는 개그처럼,

"옆집에 담이 생겼대."

"그래?"

"하하하…."

웃고 나서 한 가지 이야기를 끝내는, 그 정도의 리듬이 적당하다.

먹고 마시는 중이기 때문에 뇌는 너무 복잡한 이야기나 어려운 이야기를 받아들일 준비가 되어 있지 않다. 다른 사람의 이야기에 그다지 진지하게 귀 기울이고 있지도 않기 때문에 바로 결론이 나지 않는 이야기를 장황하게 늘어놓으면 은근 짜증이 나기도 한다.

젓가락을 움직이랴 상대방의 얼굴을 쳐다봐주랴, 우물우물 씹으며 상대방의 이야기에 일일이 '어, 그래?'라고 맞장구를 쳐주랴… 여간 고통스러운 일이 아니다.

어떤 가수는 호텔에서 디너쇼를 할 때면 다섯 번째 곡까지는 전부 한두 소절만 짧게 부른다고 한다. 그 이유는 다양한 노래를 짧게 많이 부르기 위해서라고 한다. 그것이 '먹고 마시는 사람'을 지루하지 않게 하는 요령이라는 것이다.

하나의 주제에 대해서 깊이 있게 이야기하려면 먹고 마시는 장소를 피해야 한다. 식사나 술자리에서의 연설이나 강의는 적절하지 않다.

비즈니스나 진지한 얘기를 하려면 조용한 장소에서 따로 만나서 얘기하는 것이 좋다. 얘기가 잘 끝난 후 함께 식사 장소로 옮기는 것이 좋은 방법이다.

Tip 식탁 위의 심리학

● **식사나 술자리에서는 가볍고 짧고 금방 끝나는 이야기가 좋다.**

▶ 남들이 먹고 마시는 자리에서 연설이나 강의는 좋지 않다.

▶ 한 가지 이야기를 깊이 있게 하기보다는 다양한 이야기를 짧게 하자.

▶ 얘깃거리가 없기 때문에 이야기가 쓸데없이 길어진다.

▶ 얘깃거리가 없다는 것은 일벌레라는 증거.

▶ '얘깃거리가 없다'는 것은 인간적인 매력이 없다는 말과 같은 뜻.

술자리에서 지나치게 예의를 차리는 사람

_ 별로 가까워지고 싶지 않다는 표시

군이 예의를 따지지 않아도 되는 술자리에서까지 너무 예의 바르게 말하고 행동하는 사람이 있다.

상대가 회사의 임원이라든가 굉장히 높은 사람이라면 모르겠지만 동료나 심지어는 후배들에게까지 "그렇습니까?" "그건 이렇습니다." "그건 ~입니까?"라며 정중하게 존댓말을 쓰는 사람도 있다.

이렇게 정중한 말을 쓰면 술자리의 분위기가 경직되어 버리기 십상이다.

이런 타입 중에는 사람을 잘 사귀지 못한다는 콤플렉스 의식을 강하게 가지고 있는 사람들이 많다. 다른 사람들과 사귈 때는 일정한 거리를 두려는 생각이 강하며 끈끈한 관계를 싫어한다.

그런 생각이 있기 때문에 때와 장소에 어울리지 않는 존댓말이 되어 나타나는 것이다.

이런 사람은 인간적으로는 나쁜 사람이 아니다. 내성적이고 약간 소극적인 면이 있는 것일 뿐.

하지만 그 너무 예의바른 행동과 말투 때문에 '차갑다', '무슨 생각을 하고 있는지 모르겠다', '잘난 척한다'는 인상을 심어 주는 경우도 있다.

그때그때의 분위기에 맞는 태도를 취하는 것이 중요하다. 평소에는 동료에게 '~입니다, ~습니다'를 사용해도 상관없다.

그러나 술자리에서는 스스럼없는 말투를 사용해 보는 것도 좋다. '맛있는데, 이 음식 이름이 뭐야?', '○○씨는 취하면 어떻게 돼? 잘 웃는다고?' 라는 등, 스스럼없이 말하면 상대방도 역시 스스럼없이 이야기하게 된다. 그것이 바람직한 커뮤니케이션의 기초가 된다.

쓸데없이 오해를 받게 되면 그것 때문에 인간관계가 서먹해지고, 인간관계에 서툴다는 의식이 더욱 강해지게 된다.

술자리에서의 스스럼없는 말투는 인간관계의 윤활유 역할
을 해준다.

 Tip 식탁 위의 심리학

● <u>스스럼없는 자리에서는 스스럼없는 말투를 사용할 것.</u>

▶ 술자리에서 지나칠 정도로 <u>스스럼없는</u> 태도를 취하는 사
  람은 마음이 외로운 사람.

▶ 술자리에서 입을 다물어 버리는 사람은 술자리를 싫어하
  는 사람.

▶ 술자리에서 눈빛이 음흉해지는 사람은 딴마음을 품고 있
  는 사람.

저속한 이야기를 하는 사람

_ 욕구불만인 사람의 주특기

모두 즐겁게 술을 마시고 있는데 사람들이 싫어하는 저속한 이야기나 지저분한 이야기를 혼자 신이 나서 떠드는 사람이 있다.

그 자리에 함께 있는 여성들은 이맛살을 지푸린다.

"그런 얘기 그만 해. 왜 하필 지금 그런 얘기를 하는 거야." 라며 핀잔을 듣기도 한다.

이처럼 평소에는 말수도 적고 매우 조용한 사람인데 술만 들어가면 저속하게 변해 버리는 사람이 있다.

심리학적 입장에서 보면 이런 타입은 자기 과시욕이 강한 사람이다. 자존심이 강하고, 남에게 주목을 받고 싶어한다. 하지만 직장이나 친구들 사이에서 조금도 주목받지 못하며, 그에게 관심 갖는 사람은 아무도 없다. 그런 욕구불만을 마음속에 끌어안고 있는 것이다.

주목받고 싶지만 아무도 관심을 갖지 않아 일부러 사람들이 싫어하는 화젯거리를 꺼내 자신에게 시선을 고정시키려는 것이다.

평소에는 '억제' 하고 있지만 알코올 때문에 '통제불능' 이 되어 그 심리가 행동으로 표출되는 것이다.

동생이 태어나 부모의 관심이 아기에게로 쏠리게 되면 손위 아이는 부모의 관심을 끌기 위해 장난을 치거나 일부러 야단 맞을 짓을 하게 된다. 그런 손위 아이와 같은 심리가 저속한 이야기나 지저분한 이야기를 하는 어른들 마음속에도 있는 것이다.

평소에는 얌전하다가도 술에 취하면 갑자기 허세를 부리는 사람. 자기 자랑을 시작하는 사람. 사사건건 시비를 거는 사람. 고래고래 소리를 지르는 사람….

이런 사람들의 심리적 배경에도 비슷한 것이 있다. 즉, 출세하고 싶고 주목받고 싶지만 아무도 주목해주지 않는다는 욕구불만이다.

혹시 당신의 마음속에 '또 다른 나'가 있는지 다시 한번 잘 살펴보기 바란다.

 Tip 식탁 위의 심리학

● **욕구불만의 원인을 깨달을 것.**

▶ 취해서 허세를 부리는 것은 출세 경쟁에서 밀려난 사람.

▶ 취하면 같은 이야기를 반복하는 것은 신용을 얻지 못하는 사람.

▶ 취하면 사사건건 시비를 거는 것은 누구에게도 존경받지 못하는 사람.

▶ 평소 불만이 많은 사람일수록 술자리에서 난동을 피운다.

여성에게 자신의
일 얘기를 하는
남자의 심리

_ 마음에 든다는 표시

젊은 미혼 남녀가 식사하는 자리.

"우리 아버지는 이런 사람이야. 어머니하고 이런 일이 있었어. 동생은, 할머니는…"이라며 여성이 자신의 가족에 대한 이야기를 한창 하고 있다.

그 심리 속에는 남자가 미처 알지 못하는 상당히 의미심장한 것이 감춰져 있다.

한마디로 말해 상대방 남성에게 마음이 있으며 호의를 품고 있을 가능성이 높다. 당신과 가족 같은 사이가 되기를 원한다'는 사인일 수도 있다.

경계심을 품고 있는 사람에게는 사생활을 숨기고 싶은 심리가 작용하는 법이다.

그런데 가족 이야기를 한다는 것은 그만큼 사생활을 개방하겠다는 뜻이다.

특히 다정다감한 성격이어서 결혼을 하면 현모양처 타입의 여성은, 호감이 가는 남성에게 가족에 대해 얘기하고 싶어하는 경향이 강하다.

남성 입장에서도 가족에 대해 이야기를 하는 여성에게는, 다정하고 따뜻하고 좋은 느낌을 받는 경우가 많다.

다만 주의할 것은, 가족 이야기가 '부모의 자랑'이 되어서는 안 된다.

"우리 아버지, 자수성가 하신 분이야. 대단해. 훌륭해. 큰 빌딩도 갖고 있어."라는 이야기는 상대방에게 좋지 않은 인상을 준다. 무슨 일이든 부모에게 기대는 철부지 여성이라 여겨진다.

또 이야기가 너무 우울해서도 안 된다.

"우리 아버지는 실직하셨고, 어머니는 알코올중독이고, 두 살 위 언니는 자기밖에 모르고…."

이런 얘기를 하면 상대방은 역시 깜짝 놀랄 것이다. 틀림없이 분위기가 경직되어 버리고 말 것이다.

가족에 대해서 이야기할 때는 따뜻하고 행복을 느낄 수 있는 내용을 고르는 것이 요령이다.

Tip 식탁 위의 심리학

● **식사를 할 때 '부모의 자랑' 이나 '어두운 가정사' 는 금물.**

▶ 여성은 좋아하는 남성 앞에서 자신의 가족 이야기를 하고 싶어한다.

▶ 남성은 마음에 드는 여성 앞에서 자신의 일에 관해 이야기하고 싶어한다.

▶ '가족 이야기' 나 '일에 대한 이야기'를 할 때 어두워지는 사람은 사랑보다 '도움' 을 원하고 있는 사람.

▶ '가족 이야기' 나 '일에 대한 이야기' 는 밝고 명랑하게.

식사 때 아버지가
이것저것 캐물으면

_ 자식은 당장 자리를 뜬다

어떤 아버지가 이런 불만을 품고 있다.

한창 10대인 아들과 대화를 하기 위해 저녁을 먹으며 "학교 생활은 어때?", "성적은 어때?", "어떤 친구들과 사귀고 있어?"라고 물으면,

"그냥 그래.", "여러 애들."이라며 아들은 심드렁한 대답만 한다는 것이다.

"좀 더 제대로 대답할 수 없어?"라고 하면 "귀찮아."라며 자리에서 일어나더니, 식사를 자신의 방으로 가져가 먹는다는

222 |

것이다.

'사춘기가 되면 이유도 없이 부모에게 반항한다'며 불만을 토로하는 마음도 모르는 바는 아니지만 이유는 정말 그것뿐일까?

아버지가 심문을 하는 형사처럼 아이에게 질문 공세를 퍼부은 것 때문일 수 있다.

이것이 아버지들의 고쳐야 할 점이다. 질문공세를 퍼붓는 것이 부모와 자식 간의 대화라고 생각하고 있다. 그것도 마치 잔소리를 하듯 "공부, 열심히 하고 있기나 한 거냐?"라고 묻는다.

이래서는 인간과 인간의 제대로 된 대화라고 할 수 없다. 아이도 "그냥 그래.", "여러 애들."이라고밖에 달리 대답할 말이 없다.

아이에게 질문공세를 퍼붓는 대신 가끔은 "실은 아빠가 이런 실수를 해서 말이다…"라며 먼저 이야깃거리를 제공해 보는 것은 어떨까?

용의자를 심문하는 형사도 "어제 마누라하고 부부싸움을 해서 말이야. 한심하기는…"이라는 등의 이야기를 해서 분위기를 편안히 만들어 놓은 다음 용의자와 대화를 시작한다고 한다.

그렇게 하면 마음의 교류가 시작되어 커뮤니케이션이 잘 이루어지게 된다.

먼저 들어주려는 자세로 대화를 시작하자.

 **Tip 식탁 위의 심리학**

● **일방적인 질문공세로는 대화가 되지 않는다.**

▶ 아이 앞에서도 자신의 부족한 면을 이야기할 수 있어야 좋은 아빠이다.

▶ 식사를 할 때, 아빠의 위엄은 잠시 옆으로 치워 두자.

▶ 식사 자리에서는 아버지가 아니라 좋은 형이 되어 이야기를 나누자.

▶ 하루에 한 번은 가족 모두가 모여 식사를 하자.

식사자리에서 훈계하는 상사

_고분고분 따라나섰다간 낭패

점심식사를 하며, 혹은 술을 마시며 대화를 나누는 경우가 있다. 그저 얼굴을 마주보고 앉아서 이야기를 나누기보다는 무엇인가를 '먹으며' 이야기를 나누면 의사소통이 훨씬 원활해진다. 거기에 술까지 더해지면 평소 하지 못했던 이야기, 마음속에 담아 두었던 이야기까지도 진심으로 털어놓을 수 있게 된다.

그런 의미에서 "밥이라도 먹으러 갈까?", "오늘은 한잔 하러 가자."며 부하와 식사 자리나 술자리를 자주 가지려 하는 상사는 고마운 존재가 아닐 수 없다. 고민거리나 어려움을 의논할 수 있는 기회이기도 하다.

그런데 고민을 털어놓아야겠다고 생각한 부하가 조금이라도 "이런 일로 고민하고 있는데…"라고 말문을 열면 곧바로 "자넨 그래서 안 되는 거야. 일이란 건 그렇게 만만한 게 아니야."라며 잔소리를 시작하는 상사가 있다.

'오전 업무는 여기까지. 드디어 점심시간이다. 오늘은 뭘 먹지? 라며 자리에서 일어서려는 순간 "○○씨, 잠깐 할 얘기가 있으니 오늘 점심은 나랑 먹지."라는 상사의 말. 왠지 좋지 않은 예감.

아니나 다를까, 카레라이스를 먹으면서 "자네, 요즘 말이야…"라며 잔소리 아닌 잔소리가 시작된다. 뒤이어 "인생이라는 건 말이야… 지금 자네 나이에 해 두어야 할 일은…"과 같은 이야기가 이어진다.

나중에 그 부하는 "태어나서 그렇게 맛없는 점심 처음 먹어봤어."라고 동료에게 말한다. 이 세상에서 잔소리와 함께 먹어야 하는 점심을 좋아할 사람은 아무도 없다.

이런 타입의 상사가 '한잔하러 가자', '얘기 좀 들어보자'고 말했다고 해서 고분고분 따라가는 것은 위험한 일이다.

부하 입장에서는 상사가 이야기를 들어주기를 바라고, 그리고 힘이 되어 주기를 바란다. 힘이 되어 주기를 바란다는 것은 적절하고 구체적인 충고를 필요로 한다는 것이다. 그런데 "일이란… 인생이란…" 처럼 추상적인 말을 늘어놓는다면 충고를 바라는 마음은 깨끗이 사라져 버린다. 아무리 상사가 '돈을 낸다' 할지라도 아무도 따라나서지 않을 것이다.

부하의 얼굴을 보면 '잔소리를 하고 싶어지는' 것이 이런 타입 상사들의 좋지 않은 습성이다. 그런 이야기는 조용히 회의실로 불러서 하면 될 일이지, '밥을 먹으면서' 할 이야기는 아니다.

식사중에는, 업무시간에는 보이지 않던 웃음을 지어 보이거나, 평소 절대로 하지 않던 종류의 농담이나 우스갯소리를 할 줄 아는 상사가 멋진 상사이다.

Tip 식탁 위의 심리학

- 잔소리 같은 이야기는 상대방의 기분을 가라앉게 만들 뿐.
- ▶ 먹으면서, 마시면서 잔소리를 해서는 안 된다.
- ▶ 윗사람은 부하직원의 이야기를 잘 들어주어야 한다.
- ▶ 신뢰를 얻고 싶다면 상대편의 이야기를 잘 들어주어라.
- ▶ 충고를 할 때는 추상적으로 하지 말고 구체적으로.

• 제6장 •

식사에 초대 받는 사람,
더 이상 초대 받지
못하는 사람

만화책을 보며
식사를 하는 사람

_ 사람을 거부하는 몸짓

아무리 만화광이라 해도 일하면서 만화를 볼 수는 없다. 그
래서인지 점심시간에 말쑥하게 양복을 차려입은 회사원이
만화책을 보며 식사하는 모습을 심심찮게 볼 수 있다.

편의점에서 도시락을 살 때 반드시 만화책도 함께 사는 사
람. 라면집에 들어서자마자 비치되어 있는 만화부터 집어드
는 사람도 흔히 볼 수 있다.

'만화책을 읽으며 식사하는' 타입의 성격적인 특징은 '협조
성이 부족하다'는 점이다. 적극적으로 사람을 사귀려 하지

않고, 일도 혼자서 해나간다. 결코 불성실하거나 반항적이지는 않지만 주위 사람들과의 의사소통이 부족하기 때문에 오해를 받는 경우가 많다.

옆에서 보기에 우물우물 음식을 씹으며 만화에 빠져 있는 모습은 '자신만의 세계'에 빠져 있는 것처럼 보이기 때문에 좀처럼 말을 걸기가 어렵다. 반대로 생각해보면 주위 사람이 말을 걸지 못하도록 장벽을 치고 있는 것처럼 보인다.

본인은 스트레스 해소를 위해 만화책을 읽는 것이겠지만, 식사 자리는 커뮤니케이션을 나눌 좋은 기회라고 생각해야만 불필요한 오해를 사지 않는다.

집에서 식사시간에 신문을 읽는 아버지도 마찬가지다. 그런 아버지에게 가족들은 말을 걸기가 어려워진다. 그런 습관이 가정 붕괴의 원인이 되지 않도록 주의해야 한다.

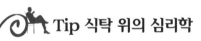

Tip 식탁 위의 심리학

● **식사를 할 때는 커뮤니케이션을 나누기 위해 노력하자.**
▶ 한솥밥을 먹으며 인간적인 관계를 강화해 나가자.
▶ 점심시간에는 일에 대한 이야기보다 잡담.
▶ 책상에서 일하며 혼자 점심을 먹지 말도록 하자.
▶ 점심시간에 '자신만의 세계'에 빠져들지 말도록 하자.

다른 사람이
주문한 음식이
먹고 싶어지는 이유는?

_ 마음의 여유가 없기 때문

"네가 주문한 카레돈가스, 맛있어 보이는데? 나도 샌드위치 말고 카레돈가스로 할걸 그랬나?"라며 후회를 하는 사람.

주문한 음식이 나오면 앞에 앉아 있는 동료가 주문한 음식이 더 맛있어 보여 "저기, 괜찮으면 내가 주문한 거랑 바꿔 먹지 않을래? 아니면 반씩 나눠 먹던지…"라고 제안하는 사람.

남의 떡이 더 커 보인다, 남의 음식이 더 맛있어 보인다, 사람에게는 이런 심리가 있다. 이런 사람들의 특징을 한마디로 표현하면 '궁상스럽다'이다. 객관적인 면으로 보면 충분히 풍요로운 생활을 누리고 있으면서도 좀처럼 마음의 여유를 갖지 못하는 사람이다.

천 원짜리 숍에서 언제나 필요 없는 물건까지 사들이고 있지는 않는가? 싸구려 물건을 사들이는 데 돈을 허비하고 있지는 않는가? 다른 사람이 무엇인가를 준다고 하면 필요하지도 않으면서 "그래 줘."라고 말하지는 않는가?

이런 사람들의 공통적인 심리 현상은, 많은 물건이 손에 들어오면 행복을 느끼지만 그것은 일시적일 뿐, 곧 '더 갖고 싶다'는 생각을 한다. 물건을 쌓아놓기만 할 뿐, 버리지 못하는 성격이어서 집 안이 '필요 없는' 물건들로 꽉 찬다.

이 말에 뭔가 걸리는 데가 있는 사람은 다른 사람의 음식이 더 맛있어 보이는 버릇을 가지고 있을 것이다.

그리고 식사를 마친 후에도 메뉴판 사진을 바라보며 '역시 저걸 먹을 걸 그랬나' 라고 생각하는 사람도 역시 마음속에, 자신은 언제나 손해를 보고 있다는 생각을 품고 있는 사람이다.

 **Tip 식탁 위의 심리학**

● **자신이 먹고 싶은 음식은 미리 결정해 두자.**
▶ 언제나 '꼭 필요한 물건만' 있으면 된다고 생각하자.

걸신들린 듯이
먹는 사람

_ 야심만 있을 뿐, 출세는 못 한다

그다지 좋은 표현은 아니지만 마치 걸신들린 사람처럼 허겁지겁 음식을 먹는 사람이 있다. 맛을 음미할 겨를도 없이, 다른 사람과 속도를 맞출 생각도 없이 사흘 굶은 사람처럼 식사를 끝낸다.

그것은 배가 고파서가 아니라 정신적으로 굶주려 있기 때문에 나타나는 '행동'이다.

이런 사람은 항상 '출세'와 '성공'에 굶주려 있다. '돈을 더 많이 벌어서 좀 더 좋은 생활을 하고 싶다. 좀 더 큰 권력을 잡아서 사람들을 내려다볼 수 있는 자리에 서고 싶다'라는 욕망이 강한 사람이다.

이와 같은 '헝그리 정신'이 왕성하고 야심적인 사람이 아직 젊은 나이라면 직장의 상사나 거래처 사장에게 좋은 인상을 심어주어 사랑을 받을 수도 있다.

그러나 아직 '젊고 미숙'하기 때문에 그 같은 호감을 심어주는 것이다. 신사, 숙녀라 불리는 나이가 돼서도 그런다면, 품위 없는 사람으로 보일 뿐이다.

식사하는 모습을 보면 그 사람의 인생관과 인간성을 엿볼 수 있다.

일이나 인간관계에서도 출세를 위해서라면 경쟁자를 밟고 올라서려는 야심은, 젊었을 때는 열정적인 사람으로 좋게 평가될 수도 있다.

그러나 어느 정도 나이를 먹으면 그 '정신적인 굶주림' 때문에 오히려 궁핍한 사람으로 보이게 된다. 그 궁상맞은 모습 때문에 주위사람들의 평판도 나빠져 오히려 출세에 방해가 되는 경우도 있다.

나이를 먹어감에 따라서 성격이 점점 원만해져서, 무턱대고 타인과 경쟁하려 들기보다는 화합을 중히 여기는 것이 '출세의 조건'이라고 할 수 있다.

그런 면에서 나이를 먹어감에 따라 일도 실수 없이 처리할 수 있게 되고, 인간적으로도 나름대로의 품격을 갖춰야만 좋은 결과를 얻을 수 있다.

명심하라. 항상 품위있게. 엣지있게.

 Tip 식탁 위의 심리학

- ● **왕성한 식욕이 보기 좋은 것은 젊었을 때뿐.**
- ▶ 지긋한 나이에 걸신들린 것처럼 먹는 모습은 천박한 인상을 준다.
- ▶ 후룩후룩 소리를 내며 먹지 말고 품위 있게 조용히 먹자.
- ▶ 슬로우 푸드로 마음을 채우자. 품위 있게 천천히 먹자.
- ▶ 이것, 저것 한꺼번에 입에 밀어넣지 말자. 품위 있게 맛을 음미하며 먹자.

천천히 먹는
사람은 고집쟁이

_ 빨리 먹는 사람은 남에게 휘둘리는 타입

　꼭꼭 씹어서 천천히 먹는 사람은 건강을 중요시하며, 자기 리듬에 맞춰 사는 사람이라고 할 수 있다. 자기 나름대로의 행복을 실천하고 있는 사람이기도 하다.

　일을 할 때도 자신의 리듬에 맞춘다. 몸이 안 좋아질 만큼 과로해가며 일하는 것은 가능한 한 피하며, 무리한 계획을 세워 나중에 스트레스를 받게 되는 경우도 없다. 착실하게, 무리하지 않고 일을 해나가는 사람이다.

　그렇기 때문에 일할 때의 동료로서는 매우 믿을 만한 사람이다. 약속한 일은 틀림없이 해내며, 할 수 없는 일은 처음부터 '못합니다' 라고 거절하기 때문에 안심하고 계획을 세울 수 있다.

과시욕에서 '물론 할 수 있습니다' 라고 쉽게 일을 받아들였다가 나중에 가서야 '아무래도 안 되겠습니다' 라고 말할 염려도 없다.

결점은 고집스럽고 융통성이 없다는 점이다. 누가 뭐라고 하든 자신의 리듬에 맞춰서 자기 방법만을 고집한다.

반대로 밥을 빨리 먹는 사람. 식사에 필요한 시간, 평균 10분. 잘 씹지도 않고 들이붓듯 식사를 마치는 사람은 무슨 일이든 빨리 처리한다. 일처리도 빠르고 행동도 민첩하다. 이른바 '능력있는 사람' 으로 상사가 약간 무리하다 싶을 정도로 일을 맡겨도 척척 해내기 때문에 동료 사원들도 그 사람의 능력을 인정한다.

다만, 자신의 리듬에 맞게 '천천히 씹어서 먹는 사람' 과는 달리, 일이나 주위사람들에게 휘둘려서 스트레스 때문에 몸에 나쁜 영향을 주는 경우를 흔히 볼 수 있다.

살아가는 데 있어서 가장 기본이 되는 것은 건강이다. 따라서 '꼭꼭 씹어서 먹는' 삶을 택할 법도 한데, 빨리 먹는 사람들은 '인생은 자기계발의 연속' 이라고 생각하고, 회사 안에서 자신이 얼마나 노력할 수 있는지 그 한계를 시험해보려는 마음이 강하다.

　실천하자. 슬로우 푸드, 베스트 라이프.

 Tip 식탁 위의 심리학

● **식사는 건강의 첫걸음이라는 점을 명심하자.**

▶ 잘 씹어서 먹는 사람은 자기 리듬에 맞게 살지만, 고집스
　러운 면도 있다.

▶ 밥을 빨리 먹는 사람은 주위에 휘둘리는 일면이 있다.

밥을 지저분하게 먹는다

_ 일을 떠넘기는 무책임한 사람

밥 먹다가 흘린 반찬이나 국물, 냅킨 등으로 식탁 위를 어질러 놓은 채 벌떡 일어나 가버리는 사람.

대체 그것을 누가 치우고 닦을지 생각해본 적이 있기나 한 걸까?

이처럼 흘리며 먹는 사람의 특징은 무슨 일이든 '다른 사람에게 맡긴다'는 점이다. 일이 잘 풀리지 않거나 사정이 나빠지면 사람들은 보통 어떻게 해서든 좋은 쪽으로 끌고 가려고 노력한다.

하지만 이런 사람은 심리적 안정에 도움이 된다며 사온 열대어도 먹이 주기가 귀찮아지면 "갑자기 바빠져서 돌볼 수가 없어. 네가 열대어를 좀 돌봐 줘"라며 내팽개치고 결국에는 다른 사람에게 떠넘겨 버린다.

이런 식습관을 가지고 있는 사람은 여자보다 남자가 더 많다. 아무리 지저분하게 먹어도 나중에 아내나 어머니가 '치워 주겠지'라는 생각을 가지고 있는 것이다.

그런데 어엿한 어른이 되어서도 지저분하게 먹은 후 아무렇지도 않게 생각하는 사람을 종종 볼 수 있다. 한마디로 말해 '가정교육'을 제대로 받지 못한 것이다.

집안에서는 아내나 어머니에게 의지하고, 그렇다면 직장에서 일하는 모습은 어떨까?

맞다. 상상한 그대로이다.

걸핏하면 여직원에게 "저 책상에 있는 자료 더미, 이젠 필요 없으니까 치워 줘.", "지난번에 내가 출장 갔다 왔을 때 쓴 경비, 내 대신 정산해서 경리 쪽에 넘겨주도록 해. 영수증 여기 있으니까. 경비를 너무 많이 썼다고 하면, 싫은 소리도 나 대신 좀 들어줘. 나는 이 일로 지금 정신이 없으니까."라며 일을 떠넘긴다.

직장에서 남에게 의지하는 것은 스스로 미움을 사는 일. 언젠가는 여직원들의 보복을 받게 될 것이다.

누군가와 함께 팀 프로젝트를 진행하기 전에 같이 밥을 먹어보라. 그가 지저분하게 밥을 먹는 사람이라면 뒷치다꺼리를 각오하시라.

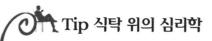

Tip 식탁 위의 심리학

- ● 타인에게 의지하려는 성격이 식사 때에도 나타난다는 점을 알아두자.

- ▶ 말쑥하게 차려입었더라도 지저분하게 먹는 사람에게는 일로써 얽히지 말라.

- ▶ 책임감이 있고 일을 잘하는 사람은, 자신의 실수는 자신이 처리한다.

크게 입을 벌려
'입 속'까지
보이며 웃는다

_ 과보호 속에서 자란 사람

입 속에 있는 음식물을 우물우물 씹으며 그다지 우습지도 않은 이야기에 '와~ 하하하…' 하며 큰 소리로 웃는 사람을 보면 정말 어이가 없다.

그것은 '즐거운 식사시간'이라는 증거가 되기도 하지만, 당연히 입 속의 음식물이 그대로 보인다. 본인에게는 안 보이니 기분이 좋을지 모르겠지만 함께 식사하는 사람은 자신도 모르게 눈을 가리고 싶어진다.

이처럼 '어른으로서의 에티켓'을 모르는 사람은, 나이나 겉

보기에는 어른으로 보이지만 정신적으로는 '세상의 규범'을 아직 익히지 못한 미숙한 사람이다.

그 이유로는 과보호 속에서 자란 경우이거나, 무슨 일이든 부모에게 의지해온 경우, 가정교육을 제대로 받지 못한 경우 등을 들 수 있다.

그런데 '세상의 규범'을 익히지 못한 사람은 직장에서도 그런 성격을 마음껏 발휘한다. 예를 들면 참을성이 없다. 자신의 일을 책임감 있게 끝까지 해내지 못한다. 약간 버거운 일은 '난 못하겠어'라며 간단하게 내팽개친다. '죄송합니다'라고 사과할 줄도 모른다. '이거 좀 부탁할게'라며 다른 사람에게 의지한다.

그렇기 때문에 어느 직장에 가나 사람들과의 관계가 좋지 않다. 이런 사람들은 식사를 할 때의 버릇을 여럿 가지고 있는데 예를 들면,

▶ 식사 자리에서 보란 듯이 코를 푼다.
▶ 먹으면서 자꾸만 트림 소리를 낸다.
▶ 먹으면서 쩝쩝 소리를 낸다.

그런 사람들이 먹는 모습을 보면 '참 낯이 두껍기도 하다'는 생각이 든다.

그런 행동을 하면 다른 사람에게 폐가 된다, 부끄러운 일이다, 라는 점을 본인 스스로 깨닫게 되기를 바랄 뿐이다.

Tip 식탁 위의 심리학

● **아무래도 웃음을 참을 수 없을 때는 손으로 입을 가릴 것.**

▶ 타인에게 불쾌감을 주지 않는 것이 예의이다.

▶ 먹는 모습을 보면 가정교육을 알 수 있다.

▶ '먹는 태도'도 어른이 되어감에 따라서 성숙해져 가는 법.

손으로
가리듯 하며
먹는 사람

_ 피해의식이 강하다

　오른손에는 젓가락, 그리고 왼손으로 음식을 가리듯 하며 먹는 모습을 보면 마치 '이건 내 음식이야. 손댈 생각 마' 라고 말하는 것처럼 보인다.

　때로는 주위 사람들에게 위협을 가하듯 눈을 치켜뜨고 둘러보는 경우도 있지만 뺏어 먹으려는 사람은 아무도 없다.

　틀림없이 많은 형제들 속에서 자란 사람일 것이다. 어렸을 때 매일 저녁, 식탁에서 반찬 쟁탈전이 벌어졌던 것이 아닐까? 특히 동생들은 형이나 누나의 희생양이 된 적이 많기 때

문에 자신도 모르게 방어본능과도 같은 것이 작용하여 어른
이 되어서도 그 같은 습관을 버리지 못하는 경우가 많다.

많은 형제들 속에서 자라지 않았어도 피해의식이 강한 사람
은 식사할 때 이런 습관을 가지고 있다. 자신은 언제나 이익
이 되는 일을 누군가에게 빼앗기고 있다, 언제나 손해가 되
는 일만 강요당하고 있다, 누군가가 늘 내 발목을 잡는다….

이런 사람은 성격적으로 약간 비굴한 면이 있다. 주위 사람
들에게도 좋은 인상은 심어주지 못한다. 기껏 남을 생각해서
무슨 일을 해도 '뭔가 다른 속셈이 있는 거 아니야?' 라는 등,
좋지 않은 사람을 대하듯 하니 화가 날 법도 하다.

당신의 음식을 노리는 사람은 아무도 없다. 당신을 속이려
는 것도 아니다. 그러니 긴장을 풀고 반듯한 자세로 품위있
게 식사하도록 하자.

Tip 식탁 위의 심리학

- **등을 펴고 반듯한 자세로 식사를 하도록 하자.**
  - ▶ 먹는 모습이 자연스럽지 못한 것은 마음속에 비굴한 부분
    이 있기 때문.
  - ▶ 먹는 모습이 방어적인 것은 마음속에 피해의식이 있기 때문.
  - ▶ 마음이 개방적인 사람은 식사를 하는 모습도 개방적이다.

젓가락을 들고
어느 것을 집을까
망설이는 사람

_ 일을 할 때도 언제나 망설인다

　식사중에 젓가락을 들고 어느 것을 집을까, 망설이는 모습은 전형적으로 우유부단한 사람의 특징이다.

　일단 계란말이 쪽으로 뻗었던 젓가락. '아냐, 생선구이도 맛있을 것 같은데…'라며 방향전환, 그리고 그 젓가락을 '하지만 나물 무침도 괜찮을 것 같아'라며 급선회, '그래도 역시 계란말이야'라며 젓가락을 이리저리 움직인다. 이러면 주위 사람들도 차분하게 식사를 할 수가 없다.

　이런 사람은 직장에서도 '지금 예산을 써야 한다면 역시 A

프로젝트에 쓰는 게 낫지. 아니, B프로젝트도 포기하기 아깝단 말이야. 성공 가능성은 충분해. 아니, 아니, C프로젝트도 성공하기만 하면 큰 성과를 올릴 수 있어. 음, 어떻게 할까⋯.'

계속 망설이기만 할 뿐, 좀처럼 행동으로 옮기지 못한다. 동료들은 '빨리 결정해' 라며 안절부절못한다.

백화점에서 물건을 살 때나, 배우자를 고를 때처럼 무엇인가를 선택해야 하는 상황에 놓이면 항상 망설이기만 해서 백화점 직원도 결혼상대도 불안하기만 하다.

본인 스스로도 자기혐오에 빠지는 경우가 많아, 마음속으로는 '좀 더 결단력 있는 인간이 되고 싶다' 고 바라고 있을 것이다.

식사를 할 때 '젓가락을 들고 망설이지 않겠다' 라고 결심한다면, 그것은 매일 해야 하는 일이니 좋은 훈련이 된다. 일단 결심하고 나면 다른 쪽으로 마음이 기울었다 할지라도 '아니, 일단 결정한 일이니 이번에는 계란말이다' 라고 초지일관 밀고나갈 것.

이런 식으로 하루하루 훈련을 해나가다 보면 식사중의 망설임도 틀림없이 고칠 수 있다.

그러면 점차 직장에서나 일상생활에서도 틀림없이 행동적인 사람이 될 수 있다.

만약 당신의 약혼자가 이런 타입이라면, 예식장에 들어서는 날까지 방심은 금물.

 **Tip 식탁 위의 심리학**

- ● **먹을 것을 미리 결정해 두자.**
- ▶ 젓가락을 들고 망설이는 사람은 입을 열 때마다 말이 바뀐다.
- ▶ 젓가락을 들고 망설이는 사람은 결정적인 순간에 결단을 바꾼다.
- ▶ 젓가락을 들고 망설이는 사람이 있으면 내가 리드를 해나가자.
- ▶ 젓가락을 들고 망설이는 사람에게 의지해서는 안 된다.

젓가락으로
접시를 끌어오는 사람

_ 부하직원을 함부로 대한다

가장 끔찍한 상사는 다음과 같은 부류이다.

▶ 부하직원을 일하는 기계, 자신의 일을 도와주는 도구로밖에
　생각지 않는다.
▶ 아랫사람의 컨디션은 고려하지도 않고 필요하면 언제든지
　야근을 시킨다.
▶ 쉬는 날에도 당연히 출근을 해야 하고, 개인적인 심부름까지
　시킨다.

▶ 말투는 언제나 고압적으로 '이렇게 해라, 저렇게 해라' 라고
  만 말할 뿐, '수고했네. 고맙네. 미안하네' 라는 말은 써 본 적
  이 없다….

타인을 소중히 여기는 마음이 없는 사람은 물건도 소중히
다루지 않는다.

식사를 할 때도 자기중심적이어서 다른 사람은 안중에도
없다.

예를 들면 반찬이 담긴 접시를 젓가락으로 끌어당긴다. 이
처럼 아무렇지도 않게 접시를 젓가락으로 끌어 자기 앞으로
가져오는 사람은 매우 무례한 사람처럼 보인다. 젓가락을 내
려놓고 손으로 접시를 옮기는 것이 정중한 태도라는 것을 모
르는 사람이다.

그렇게 해서 접시를 옮긴 후에는 접시에 담긴 음식을 젓가
락으로 찔러서 먹는다. 그런 다음 젓가락 끝으로 사람을 가
리키며 "그런데 말이야… (우물우물, 쩝쩝) 전에 그 일 어떻게
됐나? 우물우물…" 하며 얘기를 한다. 사람을 사람으로 여기
지 않는 것이 틀림없다.

식사할 때 사용하는 도구, 젓가락, 밥그릇, 물컵, 접시 등과
같은 것을 소중히 다루지 않는 사람은 안 봐도 뻔하다.

타인을 소중히 여길 줄 모르는 사람은 타인으로부터도 소중

한 사람으로 대접받지 못한다.

　부모님으로부터 귀한 자식으로 여겨지지 못한 채 자란 사람, 그리고 지금은 가족들로부터 푸대접을 받고 있는 사람이라고 보면 틀림없다.

 Tip 식탁 위의 심리학

● **젓가락이나 식기를 소중하게 다루자.**

▶ '젓가락으로 접시를 옮기는 사람', '젓가락으로 찔러서 음식을 집는 사람'은 사람을 거칠게 다룬다.

▶ '젓가락으로 접시를 옮기는 사람', '젓가락으로 찔러서 음식을 집는 사람'은 타인을 배신한다.

▶ '젓가락으로 접시를 옮기는 사람', '젓가락으로 찔러서 음식을 집는 사람'은 주의할 것.

▶ '젓가락으로 접시를 옮기는 사람', '젓가락으로 찔러서 음식을 집는 사람'과는 가까이 하지 말 것.

상대방에게
미움을 받고 싶다면

_ 젓가락을 입고 물고 있을 것

무슨 일에나 귀찮을 정도로 끈덕지고, 도무지 무슨 생각을 하는지 모를 타입의 사람에게서 흔히 볼 수 있는 습관이 젓가락을 빠는 모습이다. 주로 집착이 강한 성격이다.

직장상사 중에 이런 타입이 있으면 참으로 피곤하다. 일의 사소한 부분까지도 매일 체크를 한다. 그리고 부하로서의 자신을 믿고 있는 건지, 무슨 일이 생기면 상사로서 지켜 줄 것인지, 속내를 알 수 없기 때문에 스트레스가 쌓인다.

만약 당신 부하들이 그런 생각을 가지고 있다면 당신이 스트레스의 제공자이니 상사로서는 실격이다.

그뿐만이 아니다. 함께 식사를 할 때 부하가 보는 앞에서 젓가락을 빤다면 부하는 당장 회사를 그만두고 싶어질 것이다.

참고로 이쑤시개 대신 젓가락으로 이빨 사이를 후비는 사람도 있는데, 이런 행동은 보는 사람을 역겹게 한다.

목깃이 더러워진 와이셔츠를 며칠째 입고 다니고, 주머니 속의 손수건을 며칠째 그대로 가지고 다니면서 그것으로 아무렇지도 않게 얼굴을 닦는다…. 본인은 아무렇지도 않게 생각할지 모르겠지만 '불결한 냄새가 날 것 같은 사람'과 식사를 함께 하고 싶어할 사람은 아무도 없다.

이런 습관은 한시라도 빨리 고치는 것이 좋다. 반대로 더 이상 만나고 싶지 않은 사람이 있다면 그 사람 앞에서는 '젓가락을 빠는' 모습을 보이면 된다. 상상 이상의 효과를 얻을 수 있을 것이다.

 Tip 식탁 위의 심리학

● **청결하게 느껴지는 동작을 익히자.**
▶ 젓가락을 빠는 상사는 사소한 일에 잔소리를 한다.
▶ 젓가락까지 맛보려 하는 사람은 깐깐한 성격을 가진 사람.
▶ 젓가락질이 더러운 사람은 차림새까지도 지저분하다.

식사중에 자리를
자주 비우는 사람

_ 괜히 바쁜 척하는 것

식사중에 자주 자리를 비우는 사람이 있다. "아, 미안한데 잠깐만…"이라며 자리에서 일어나 벽 쪽으로 가서는 전화를 걸고 돌아와 식사를 하는가 싶더니, 또다시 "아, 미안한데 잠깐만…"이라며 자리에서 일어나 다른 테이블에 있는 사람과 한참 이야기를 나누고….

이런 식으로 왔다갔다하며 자주 식사를 중단하는 사람은 한 가지 일에 집중하지 못하는 사람이다. 예를 들면 부서 이동 신청서를 자주 제출하고, 직장도 자주 옮기는 타입이다.

그리고 행동에 '계획성이' 없다. 무슨 일이든 계획없이 닥치는 대로 하는 타입으로, 우선순위를 생각해서 하나하나 일을 해나가는 타입이 아니다. 사소한 일이 마음에 걸려서 매 순간마다 이럴까저럴까 망설이다가, 능률이 오르지 않고 결국 추진을 못하고 사람들에게 신뢰를 잃고 만다.

이런 사람은 우선 한 가지 일을 착실하게 끝마친 다음, 다음 일을 시작하는 습관을 들일 필요가 있다. 그리고 일의 순서를 생각해서 처리해 나가기 위해서 철저하게 계획을 세우는 습관을 들일 필요도 있다.

식사를 할 때도 마찬가지이다. 해야 할 일이 있다면 식사 전에 마무리 지을 것. 혹은 식사를 마친 다음에 시작할 것.

식사중에 자꾸만 자리를 비우는 것은 상대방에게 불쾌감을 줄 뿐만 아니라 예의에도 어긋난다. 그리고 멋대로 행동하려는 당신의 성격도 드러나게 된다.

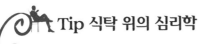

Tip 식탁 위의 심리학

- **식사중에 자주 자리를 비우는 사람은?**
- ▶ 바쁜 척하는 것에 비해서 일에 진척이 별로 없다.
- ▶ 단지 그것만으로 일을 한 것이라는 생각을 갖고 있다.
- ▶ 일을 완전히 맡기지는 말 것.

음식을 잔뜩
주문해놓고
남기는 사람

_ 허영심으로 결혼 상대를 선택한다

　식당에 가서 자리에 앉은 다음, 거창하게 메뉴판을 들여다
본다.

　"우선 이 고기 요리하고, 생선과 샐러드, 그리고 디저트로
음료수, 이것도… 저것도…"라며 한꺼번에 잔뜩 시키는 사람
이 있다.

　식탁을 먹을 것과 마실 것으로 빈틈없이 가득 채워놓지 않
으면 성이 차지 않는 사람이다. 그렇다고 해서 주문한 음식
을 전부 먹느냐 하면 그렇지도 않고 절반 정도는 그대로 남

긴다.

일반 사람들 같으면 그렇게 남길 거면 처음부터 시키지 않으면 될 게 아니냐고 생각하겠지만, 이런 사람은 생각이 다르다. 큰 식탁 위에 접시 하나만 달랑 올라가 있으면 자신이 초라하다는 느낌이 들어 싫다는 것이다.

자신이 먹을 만큼의 양과는 상관없이 식탁의 넓이에 맞춰서 주문을 하는 사람이다.

식탁 가득 음식이 놓여 있는 것을 보고 만족감을 느끼는 경우인데, 허영심이 강한 성격을 가진 사람들이 많으며 '타인의 시선을 강하게 의식하는 상황'에서 이런 버릇이 두드러지게 나타난다.

사람들은 보통 '아깝다'고 생각하지만 이런 사람들은 주위 사람들이 그렇게 생각하는 것에서 쾌감을 느낀다.

그런데 이런 사람들은 평소에는 의외로 소박한 생활을 한다.

혼자 사는 원룸에서 혼자 식사를 할 때는 도시락 하나, 혹은 햄버거 하나에 음료수 하나로 식사를 때운다. 잔뜩 사 들고 와서 남기는 아까운 짓은 하지 않는다.

평소 소박한 생활을 하고 있기 때문에 그에 대한 보상심리로 고급 레스토랑에서 사치를 맛보려 하는 것이다. 우아하게 스테이크를 썰면서 "이런 날도 가끔 있어야지."라고 입버릇처럼 말하는 사람이다.

밥 먹을 때도 폼생폼사. 결혼 상대를 선택할 때도 애정보다 허영심으로.

 Tip 식탁 위의 심리학

● **얼마나 먹을지는 상황에 따라서 결정하자.**

▶ 잔뜩 주문해 놓고 절반쯤 남기는 사람에게는 낭비벽이 있다.

▶ 잔뜩 주문해 놓고 4분의 1 정도 남기는 사람은, 적성보다 허영심에 따라 직장을 선택한다.

▶ 잔뜩 주문해 놓고 4분의 3 정도 남기는 사람은, 애정보다 허영심에 따라 결혼 상대를 선택한다.

음식을 남김없이 깨끗이 먹는 사람

_ 주위사람의 신뢰를 얻는다

식탁 위의 음식을 전부 깨끗하게 먹는 사람이 있다.

반면, 어디서 무엇을 먹든 음식을 남기는 사람도 있다.

음식을 남기는 것은 '맛이 없었기 때문에', '배가 고프지 않았기 때문에' 라는 이유에서일 것이다. 그리고 전부 먹는 것은 '맛있었기 때문에', '배가 고팠기 때문에' 라는 이유도 있었을 것이다.

하지만 음식을 남기느냐, 깨끗이 먹느냐의 큰 차이는 두 사람의 성격이 서로 다르기 때문이다.

자기 생각에 따라서 음식을 남기는 타입은 이런 사람이다.

좋아하는 것만 좋아하는 사람. 끈기가 없는 사람. 쉽게 뜨거워졌다가 쉽게 식는 사람.

처음에는 "이 일은 무슨 일이 있어도 제게 맡겨 주십시오. 충분히 해낼 수 있습니다."라며 열정적으로 말하지만, 채 3일도 지나지 않아서 열이 식어 버리면 '이런 일은 내 성격에 맞지 않는다' 며 내팽개쳐 버린다.

상대방을 생각해서 음식을 남기지 않는 사람, 나온 음식은 전부 먹는 타입은 이런 사람이다.

책임감이 강하고 야무진 사람. 약속한 것은 반드시 지키는 사람. 성실한 사람. 마지막까지 포기하지 않는 사람. 인내심 강한 사람.

고기를 구워 먹을 때도 잘 관찰해보자. 고기 밑에 깔아 놓은 상추, 고기 옆에 딸려 나온 파슬리, 접시에 올려져 있는 것을 '전부 먹는 사람' 이라면 믿을 만한 사람이라고 해도 좋다.

사회생활을 하는 데 있어서도 '남기는 사람' 보다는 '전부 먹는 사람' 이 유리하다. 음식을 남기는 사람인가, 깨끗하게 먹는 사람인가에 따라서 그 사람의 신용도를 알 수 있다.

그런 것으로 사람을 평가할 수는 없다고 생각할지도 모르겠다. 하지만 잘 관찰해보면 실제로 직장이나 모임에서 주위사람들의 신뢰를 얻는 사람은 '깨끗하게 먹는 사람' 이다.

‘깨끗하게 먹는 사람’ 은 마음이 따뜻한 사람이다. 깨끗하게 먹는 것은 음식을 만들어준 사람에 대한 감사한 마음의 표현이기도 하다.

음식을 만들어준 사람에 대한 감사한 마음이 있기 때문에 음식을 함부로 ‘남기지 못하는 것’ 이다.

그런 마음이 일의 성과에도 알게 모르게 반영된다. 직장에서의 인간관계에서도, 사회생활에서도 감사의 마음이 상대방에게 전달되어 사람들의 신용을 얻게 되는 것이다.

 Tip 식탁 위의 심리학

● **나온 음식은 깨끗하게 전부 먹도록 하자.**

▶ 아내가 만들어준 음식을 깨끗하게 먹으면 부부관계가 좋아진다.

▶ 음식점의 요리를 깨끗하게 먹으면 서비스가 좋아진다.

▶ 남기기보다는 전부 먹는 편이, 만족감이 느껴져 행복해진다.

▶ ‘깨끗하게 전부’ 먹으면 사람에 대한 감사의 마음이 전해진다.